27 Hacks De Persuasão

Arsenal Psicológico Para Vencer Sempre

Aumente Seu Poder De Influência Ainda Hoje

Autor: Marcelo Maia

Você encontra aqui um arsenal de estratégias, técnicas e ferramentas que vão aumentar seu poder pessoal e te permitir amplificar seu círculo social.

Antes de continuar, tenha em mente que **esse conhecimento pode tornar uma pessoa comum em uma arma psicológica.** Por isso, tenha a consciência de usar essa informação de forma positiva, para alcançar seus objetivos apenas melhorando seu poder de comunicação verbal e não-verbal e sua relação com outras pessoas. O autor de nenhuma forma recomenda o uso para fins manipulativos.

Sumário:

1.   Imagem Pessoal

Qual é a primeira coisa que uma pessoa vai perceber mesmo antes de conversar com você? A resposta é óbvia: sua aparência.

Isso inclui como você está vestido, como é o formato do seu rosto, qual a sua altura... A sua aparência ou imagem pessoal é como o cartão de visita que te permite ser identificado socialmente. E, mais do que isso, sua aparência irá transmitir informações importantes para a mente de quem está te observando.

Em termos científicos, quando estamos conversando com outras pessoas, não são somente as palavras que importam. Para o subconsciente, existe muita informação emocional relevante no contexto onde a mensagem está inserida.

Sua aparência, sua postura e até o seu tom de voz irão influenciar na confiança que as pessoas terão em você e na sua mensagem. O cérebro identifica se sua mensagem é verdadeira ou falsa, verificando a ressonância entre o que você diz e o seu comportamento e sinais inconscientes.

Por isso, é tão importante cuidar da forma como você se apresenta. **As pessoas irão te notar, te avaliar e te julgar de qualquer jeito**. Então, dê a elas um bom motivo para repararem em você. Por via das dúvidas, esteja sempre bem apresentável.

Na imagem acima, veja como existe uma notória diferença entre o antes e depois da fama do Gusttavo Lima e do Cristiano Ronaldo. Houve um grande investimento na melhora do seu estilo pessoal, o que inclui, dentre outros, tratamento dentário, mudança no corte de cabelo e na vestimenta.

Você também pode ver a diferença entre a Madonna e a Adriane Galisteu quando acordam de manhã e quando vão se apresentar socialmente. Muita maquiagem e preparo do cabelo são fundamentais para manter uma boa aparência.

Gostando ou não, muitas vezes o livro é julgado pela capa. Por isso, existe assessoria de imagem, para ajudá-lo a ter um melhor posicionamento e aparência.

E eu sei que isso pode causar uma discussão do tipo: ahh você está sendo superficial, se preocupando com a imagem, o que importa é o que tem dentro. E o que eu sempre digo é o seguinte: parabéns por ver o mundo dessa forma, mas a verdade é que maioria das pessoas não o enxerga assim.

Esse efeito da primeira impressão também está relacionado com o rosto. Quando uma pessoa vê um rosto novo, o cérebro decide se a pessoa é atraente ou digna de confiança em um décimo de segundo, de acordo com pesquisa realizada na Universidade de Princeton.

O psicólogo Alex Todorov descobriu que as pessoas respondem intuitivamente a rostos tão depressa que a parte racional da mente pode não ter tempo de interferir na reação - e que as intuições sobre atratividade e confiabilidade são as que se formam mais rápido.

"A ligação entre as feições do rosto e o caráter podem ser tênues, mas isso não impede que nossas mentes julguem outras pessoas no primeiro olhar", disse Todorov. "Decidimos muito depressa se uma pessoa tem as características que julgamos importantes, como simpatia e competência, mesmo sem termos trocado uma única palavra com ela. Parece que está programado no cérebro tirar essas inferências de forma rápida e sem refletir".

Todorov e sua colega Janine Willis usaram experiências cronometradas e descobriram que juízos instantâneos de caráter frequentemente se formam sem tempo suficiente ou reflexão racional. A pesquisa foi publicada no periódico Psychological Science.

Resumidamente, podemos dizer que seu estilo pessoal reflete a sua personalidade, intensificando características específicas, sendo que são 2 forças principais que agem no subconsciente durante a primeira impressão: o efeito halo e a pré-ativação.

Hack:
Cuide do seu estilo pessoal e da sua aparência para poder transmitir

confiabilidade dentro da sua área profissional. Encontre um serviço de assessoria de imagem caso tenha dificuldade de fazer isso sozinho.

2. Efeito Halo
(Primeira Impressão)

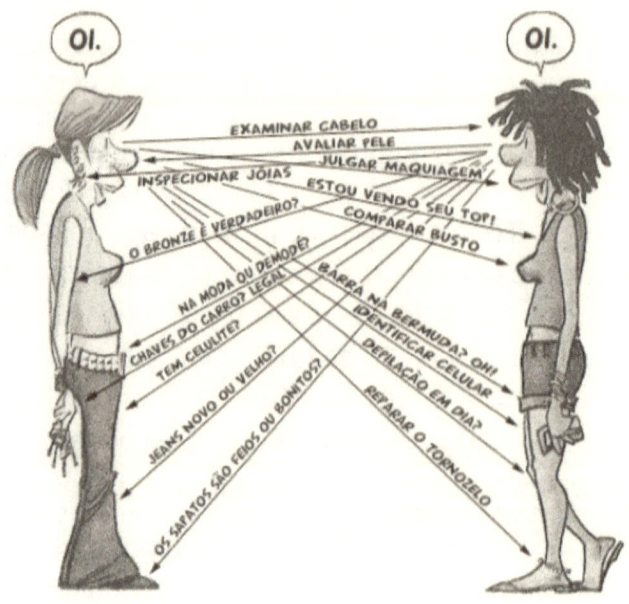

fonte: https://scholar.google.com.br/scholar?q=Thorndike+halo+effect

O **efeito halo** é a possibilidade de que a avaliação de um item, produto ou indivíduo possa, sob algum viés, interferir no julgamento sobre outros fatores relevantes, contaminando o resultado geral. **Basicamente, consiste na tendência humana em tirar conclusões de uma pessoa com características distintas, criando estereótipos.**

Nos processos de avaliação de desempenho, por exemplo, o efeito halo é a interferência causada devido à simpatia que o avaliador tem pela pessoa que está sendo avaliada.

Em 1920, Thorndike, muito resumidamente, concluiu que "depois de criada uma primeira impressão global sobre uma pessoa, temos a tendência para captar as características que vão confirmar essa mesma impressão".

Trabalhos de investigação posteriores sobre esse fenômeno revelaram que **somos altamente influenciáveis pelas primeiras impressões**. Isso quer dizer que, se temos uma boa primeira impressão sobre alguém, muito dificilmente no futuro a veremos de maneira negativa.

Um exemplo mais comum disso é que relacionamos uma pessoa alta e bonita a um ser inteligente e bem sucedido.

Da mesma forma, empresas ou pessoas bem sucedidas geralmente são apontadas como possuidoras de estratégias visionárias, liderança firme, disciplina e execuções impecáveis, enquanto empresas com resultados ruins são descritas como sofrendo da combinação de estratégias ruins, liderança fraca, insegurança e execuções imperfeitas.

Vencedores são confiantes, perdedores são arrogantes, mesmo que ambos apresentem os mesmos comportamentos. Resumidamente, a conclusão é que se o resultado é bom, qualquer história serve.

Hack:
O segredo aqui para tornar sua mensagem mais persuasiva é **mostrar IMENSO entusiasmo, paixão e confiança no seu primeiro contato**. Quando as pessoas veem alguém entusiasmado e confiante sobre alguma ideia, elas se sentem mais atraídas pelo que você está falando e mais propensas a aceitar suas sugestões ou oferta.

3. Efeito Pré-Ativação (Priming)

https://faculty.fuqua.duke.edu/~gavan/bio/GJF_articles/apple_ibm_jcr_08.pdf
https://scholar.google.com.br/scholar?q=semantic+priming+effect

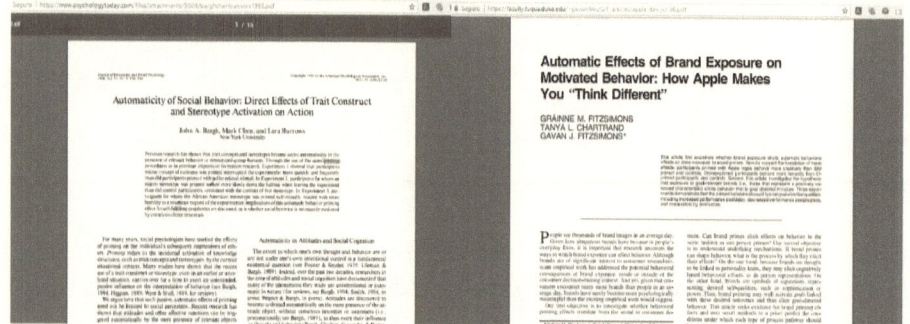

O efeito da pré-ativação vem sendo estudado a mais de 50 anos, e está relacionado ao modo como **um estímulo inicial pode afetar as respostas de um indivíduo a estímulos subsequentes**, sem que exista consciência do mesmo sobre tal influência.

A *primação* afeta tudo em nossa vida, até nossos sonhos, dado o trabalho associativo da memória.

Por exemplo, em um dos estudos do pesquisador John Bargh, um grupo de pessoas submetidas a palavras relacionadas a velhice começaram a se movimentar mais devagar ao final do experimento em relação ao grupo submetido a um teste com palavras relacionadas a rapidez.

Ou seja, o cérebro absorve um estímulo e, posteriormente, começa a apresentar características no comportamento relacionadas ao estímulo apresentado.

Exemplo do efeito da pré-ativação:

1. Em que continente fica o Quênia?
2. Quais as duas cores opostas no jogo de xadrez?
3. Diga o nome de um animal de 4 patas.

20% das pessoas respondem *zebra* quando, sem essa pré-indução, seriam menos de 1%. O conhecimento é armazenado de forma associativa: *conceitos relacionados (...) estão ligados entre si.*

Exemplo 2:

1. Você já viu o filme da Branca de Neve?
2. Prefere filme de espião?
3. Pense rapidamente em um número?

Pensou no número 7? Isso acontece por causa da pré-ativação, já que na pergunta estão subentendidos os 7 anões e o filme do 007.

Um outro experimento muito importante sobre priming foi feito pelos professores Fitzsimons e Chartrand, que conduziram um teste envolvendo 341 estudantes. Eles lhes deram um tijolo e, então, pediram para que os estudantes encontrassem formas novas e criativas de usar aquele tijolo. Enquanto isso, subliminarmente, mostravam a logomarca da Apple ou da IBM para eles em uma TV que ficava atrás da mesa.

Agora, adivinha o resultado. As pessoas que foram expostas à logo da Apple foram bem mais criativas em suas respostas do que as pessoas expostas a logo da IBM.

O interessante é que surgiram ideias super interessantes para o tijolo, como encosto para porta, arma de curto alcance, refeição rica em minerais, e muito mais.

Enfim, não satisfeitos com esses resultados, os cientistas fizeram outros testes com outras marcas, e os resultados ainda foram incríveis.

Por exemplo, pessoas expostas subliminarmente à logomarca da Disney se comportavam mais honestamente do que pessoas expostas à logo do canal de entretenimento E!

A conclusão aqui é que, em sua memória, existe uma rede de informações e conceitos de todo o seu conhecimento, os quais chamaremos de nós, e cada nó compartilha conexões com outros nós que são relacionados ou semelhantes.

Quando falamos a palavra Apple, automaticamente você se lembra também de uma maçã, Steeve jobs, Iphone, Ipad e também criatividade.

Isso não só faz você lembrar desses conceitos, mas também ativa algumas respostas condicionadas. Então, quando você é exposto a algum estímulo, como por exemplo a logo da Apple, essa exposição ativa todos os nós relacionados a esse conceito. Isso é chamado de Spreading Activation.

Enquanto esses conceitos estão ativos, eles são processados de forma integrada e funcionam como uma lente, alterando a sua percepção da realidade e até mesmo o seu comportamento.

No caso do exemplo da Apple, o conceito de criatividade será ativado em nível subconsciente. Assim, se você tiver que fazer alguma tarefa criativa logo em seguida, você se sairá melhor do que se tivesse sido exposto a uma marca que não tem nada a ver com criatividade.

Resumidamente, podemos dizer que a pré-ativação funciona como uma forma de mensagem subliminar, em que estímulos específicos podem ser usados para causar reflexos inconscientes.

Hack:
O mais legal é usar isso a seu favor. Você pode, por exemplo, pensar em objetos, símbolos e conversas que automaticamente levarão a pessoa que você quer convencer a ter um estado mental mais apropriado para aceitar suas sugestões ou ideias.

Você também pode decorar ambientes com simbologia e um contexto relacionado às emoções que você quer causar para facilitar a obtenção de certos resultados.

Exemplo: Se você quer se sair melhor nos estudos, decore seu ambiente de estudos com símbolos de concentração, como um jogo de dardos, uma águia, um tabuleiro de xadrez... Se você quer um espaço mais criativo, use cores, arco íris, objetos criativos...

Inteligência   Criatividade   Poder

4. Embalagem

Um dos hacks de persuasão mais fáceis de serem explorados é a mudança da embalagem. Uma simples alteração da embalagem (ou na sua imagem pessoal) pode aumentar as vendas rapidamente poupando custos.

Confira a imagem abaixo e me responda: Qual caixa parece conter algo mais valioso e exclusivo?

Claro que a caixa mais bonita, com mais detalhes, formato especial, logo estampada e cores diferenciadas parece conter algo mais valioso e exclusivo. Isso não se aplica somente à embalagem, mas também a tudo o que está relacionado com a apresentação do produto ou serviço em questão.

Por exemplo: uma festa com garçons parece oferecer um atendimento melhor do que uma festa sem. Uma empresa com uma logomarca mal desenhada parece ser menos profissional do que uma empresa com uma logomarca mais elaborada...

A forma como algo é apresentado pode gerar uma valorização instantânea daquilo que é oferecido, e você pode aproveitar esse hack para uma melhora imediata em seus resultados. Faça o teste!

Hack:
O que você pode melhorar imediatamente para causar uma impressão melhor? Mude a embalagem, sua apresentação e veja os resultados crescerem rapidamente.

5. Como Desenvolver Uma Voz Poderosa

Sua voz é o instrumento de comunicação mais poderoso que você tem. Se você quer aumentar seu poder de influência, tudo o que você precisa fazer é aumentar sua entonação de voz, soltando o ar com mais força.

Com a correria do cotidiano, é normal que as pessoas passem a adotar uma respiração muito rápida e, então, o ar não flui com toda a sua força por entre as cordas vocais, resultando em uma voz fraca e arranhada.

E essa simples mudança pode dar muito mais PODER a sua voz.

É como diz aquele ditado, muitas vezes *"como você diz é muito mais importante do que o que é dito propriamente"*.

Isso porque o subconsciente precisa de contexto para saber se a mensagem transmitida é congruente, e as principais impressões que o subconsciente precisa estão na sua postura, gestos e entonação de voz.

Valorize seu melhor instrumento de comunicação.

☐ Voz nasal (fanhosa)

☐ Voz que vem da garganta (respiração rápida)

☐ Voz diafragmática (respiração profunda)

Faça um teste simples.

1. Jogue a sua voz para o nariz, respire superficialmente e veja com sai um som fanhoso.
2. Agora respire rápido e tente falar, veja como a voz vem da garganta e sai arranhada.
3. Agora respire fundo e solte todo o ar dos seus pulmões enquanto fala.

Veja como a sua voz sai muito mais ressonante e poderosa com essa técnica super fácil. E agora você também pode aplicar esse segredo prático na sua comunicação diária.

Hack:
Potencialize o som da sua voz, respirando com o diafragma e "falando para fora". Você também pode fazer exercícios de canto para melhorar o som da sua voz em poucos dias.

E se esse truque prático de persuasão já não fosse demais, você ainda pode utilizar a sua voz como ferramenta para induzir efeitos emocionais específicos.

Veja o hack a seguir:

6. Como Tornar Sua Voz Mais Persuasiva

A forma como você fala transmite emoções específicas ao seu interlocutor. Por exemplo, quando você fala algo mais alto e forte, de forma enfática, isso quer dizer que a informação que está sendo dita é mais importante. Assim como **o negrito em um texto serve para destacar a parte mais importante do parágrafo**.

Mas, quando você fala rápido, isso pode transmitir mais energia, entusiasmo e empolgação. Por outro lado, quando você fala algo devagar e lentamente, isso traz uma atmosfera mais dramática ao que está sendo dito.

Para facilitar, criei uma forma de demarcar o texto para você usar quando for ler roteiros e para que você consiga transmitir emoção com o seu texto, seja em uma apresentação, em um vídeo...

1. **ênfase =** grave essa informação

2. <u>falar devagar / alongamento</u> = gerar efeito dramático

3. *sussurrar, falar baixo, um segredo* = gerar curiosidade e atenção

4. <u>*falar rápido*</u> = mostrar entusiasmo e muita energia

Para ser mais persuasivo, use a sua voz para dar EMOÇÃO às palavras que você diz. Isso é extremamente importante na comunicação, pois se você falar como um robô sem emoção, ninguém vai ser engajado pelas suas ideias.

Exercício. Leia o texto abaixo seguindo as marcações para mudar sua entonação e dar mais poder emocional:

Preste bastante **atenção** ao que eu vou dizer agora, porque eu tenho *um segredo para te contar...* Se você realmente quer aumentar seu poder de comunicação, precisa se livrar dessa voz **fraca e arranhada** e começar a praticar imediatamente uma respiração mais lenta e profunda. Lenta e profunda... Quanto mais profunda sua respiração, mais o ar flui por entre as cordas vocais e mais ressonante e prazeroso de ouvir fica o som da sua voz.

Feche os olhos e **imagine** que você está em uma praia... Deitado na areia, sob a sombra de uma palmeira por onde escapam alguns **raios de luz e calor** até a sua pele. Enquanto isso, você sente a brisa **refrescante** passando em seu rosto e o som das ondas quebrando vai te relaxando mais e mais... E existe essa atmosfera de tranquilidade, calma e **prosperidade** que parece envolver todo o ambiente agora.

Exercício.
1. Crie um pequeno texto e marque as palavras e expressões que você quer tornar mais impactante e emocional para seu interlocutor.

_____

_____

_____

_____

_____

_____

_____

7. Postura Corporal
Poses de Poder e Submissão

© 1960 United Feature Syndicate, Inc.

Você já percebeu como seus ombros caem e sua postura fica para baixo quando está triste com algo? Ou como uma pessoa sorri de orelha a orelha quando está se divertindo?

O corpo fala. Nossas expressões faciais, entonação, postura, gestos e comportamentos refletem nosso estado emocional (o que está passando em nosso subconsciente) sendo, portanto, possível LER A MENTE das pessoas através da sua linguagem não-verbal.

E o mais incrível, **além de poder ver as emoções através dos gestos**, você ainda pode MUDAR seu estado emocional alterando sua postura. Isso acontece porque mente e corpo estão completamente interligados.

Amy Cuddy, pesquisadora da Universidade de Harvard, conduziu um estudo interessante sobre a relação entre a linguagem corporal e o impacto que ela tem em nossos hormônios e na forma como as pessoas nos julgam.

Ela fez um experimento que envolveu 42 estudantes, o qual foi realizado da seguinte forma:

Primeiro, uma amostra de saliva de cada estudante foi retirada e o seu nível de testosterona e cortisol foram mensurados. Então, eles foram colocados para ficar em algumas posturas específicas durante 2 minutos, as quais se dividiam em 2 categorias: posições de dominância e posições de submissão.

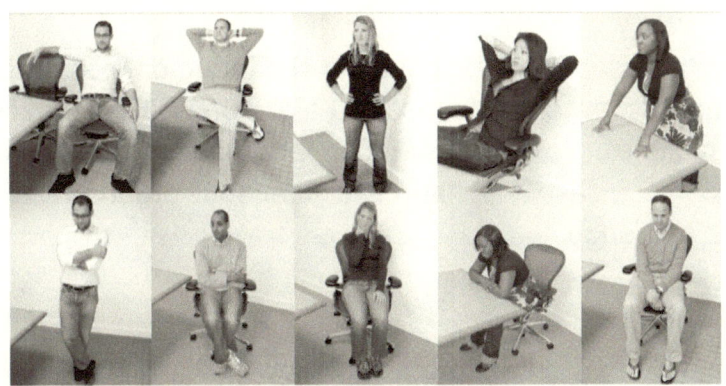

"A sua postura modifica seu estado emocional e até seus hormônios".
Fonte:http://journals.sagepub.com/doi/abs/10.1177/0956797610383437

Depois desses 2 minutos em uma pose específica, voltava-se a pegar amostras das salivas para mensurar os níveis dos hormônios. Os resultados foram surpreendentes.

Quando os estudantes ficavam em posições de dominância por 2 minutos, o nível de testosterona aumentava em média 20%, enquanto o nível de cortisol diminuía em 25%.

Você sabe o que isso significa? Bem, podemos dizer que altos níveis de testosterona tanto em homens quanto em mulheres leva a uma poderosa sensação de confiança. Já a diminuição do cortisol o permite aguentar melhor situações de muita pressão ou alto risco, pois você fica menos ansioso e menos reativo ao estresse....

Posições de dominância são abertas e relaxadas, enquanto as outras são fechadas e demonstram insegurança.

Você entende isso? A sua postura corporal é a chave não só para que você se torne uma pessoa mais confiante, mas também para controlar como as outras pessoas julgam a sua competência.

Se você tem que fazer uma apresentação, ou precisa ir a uma entrevista de emprego e ficar nessas posições de poder por 2 minutos antes... vai te dar muito mais chances de ser percebido como alguém competente e de confiança. Isso é fato comprovado.

As posições analisadas no experimento são fortemente associadas em todo o Reino Animal com a dominância e a submissão por razões evolutivas muito simples. Ou você quer ser grande, pois está no comando, ou você deseja fechar e esconder seus órgãos vitais, pois não está no comando.

Hack:
Se você quer transformar a sua vida e eliminar dificuldades causadas por insegurança ou baixa estima, tudo o que você precisa é de 2 minutos a partir de agora. Mude sua postura. Mude sua mente!

8.Comportamento Alfa

Essas expressões de comportamento dominante e submisso são bem claras também no Reino Animal, onde os líderes são naturalmente expansivos e confiantes (comportamento alfa) enquanto os não líderes apresentam comportamento mais reservado e encolhido, muitas vezes diminuindo seu espaço corporal ou protegendo seus órgãos vitais com suas mãos ou braços.

Como você já sabe, existe uma relação direta entre seu comportamento e o seu estado emocional. Por isso, adotando esses comportamentos em sua vida, você irá melhorar seu próprio estado emocional e passar a impressão ao subconsciente da outra pessoa que você está no controle da situação e é um líder natural.

Abaixo, você descobrirá como implementar esse hack em seu comportamento adotando características exclusivas de alfas.

Hack:
Características do comportamento alfa padrão que você pode adotar no seu dia a dia:

1. Faça movimentos lentos

Pessoas inseguras e ansiosas demonstram sua ansiedade em seus movimentos. Quando você se mexe de forma devagar, sua consciência corporal é amplificada e você consegue transmitir mais segurança e autoconfiança. Por isso, faça tudo bem lentamente com bastante atenção e, automaticamente, as pessoas irão te notar como um líder natural.

2. Postura espaçosa
Pessoas inseguras e tímidas costumam se encolher e se esconder para não chamarem a atenção. Já os alfas costumam ser espaçosos e se movimentar com braços e peito aberto para demonstrar seu poder e confiança.

3. Voz forte
Você já aprendeu anteriormente o quanto a sua voz é importante na comunicação. Uma voz fanhosa ou arranhada incomoda e irrita, enquanto uma voz ressonante e forte é como música para o ouvido das outras pessoas.

4. Olhar penetrante

Pessoas inseguras e tímidas costumam ficar "fugindo" com os

olhos, estão sempre desviando os olhares para evitarem constrangimento. Um alfa não tem medo de encarar e olhar com profundidade para as outras pessoas.

5. **Mentalidade objetiva**

A maioria das pessoas vive a vida sendo levadas pelas circunstâncias. Elas não têm objetivos ou metas. Já as alfas sabem o que querem e usam a sua energia e poder para alcançar seus objetivos.

9. Neurônios Espelho
Rapport e aprendizado

Alguns cientistas consideram este tipo de células uma das descobertas mais importantes da neurociência da última década, acreditando que estas possam ser de importância crucial na imitação que está diretamente relacionada ao **aprendizado, aquisição da linguagem e empatia**.

Um neurônio espelho (também conhecido como célula-espelho) é um neurônio que dispara tanto quando um animal realiza um determinado ato, como quando observa outro animal (normalmente da mesma espécie) a fazer o mesmo ato. Desta forma, o neurônio *imita* o comportamento de outro animal como se estivesse ele próprio a realizar essa ação.

Sabendo disso, você pode usar um hack simples para criar mais empatia e se relacionar melhor com qualquer pessoa. Para criar uma conexão emocional profunda (rapport) com qualquer pessoa, mesmo sem abrir a boca, basta que você imite seus movimentos e entonação de   voz.

Provavelmente, você já notou que quando duas pessoas estão conectadas a nível emocional, elas riem no mesmo momento, falam a mesma coisa ao mesmo tempo... Então, você pode aproveitar isso para gerar esse mesmo efeito no inconsciente de qualquer pessoa com a qual você quer se conectar.

Por exemplo, se estiver em uma mesa e a pessoa pegar o copo para beber, pegue o copo logo em seguida e beba ao mesmo tempo, sorria ao mesmo tempo que ela, fale na mesma tonalidade emocional (se a pessoa estiver falando baixo, fale baixo, se estiver falando alto, fale alto). Dessa forma, você irá fazer com que ela pense inconscientemente que vocês são muito parecidos e compartilham visões de mundo semelhantes.

Essa técnica é chamada de espelhamento.

10. Leitura Gestual:
Lista de Gestos e Significados Emocionais

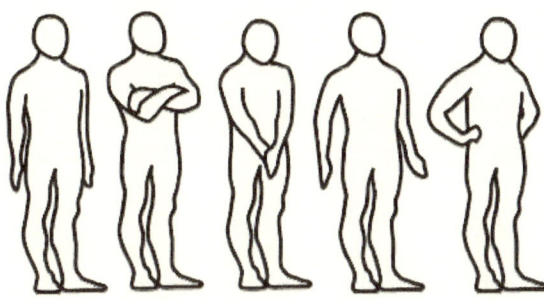

Você já sabe que cada expressão não verbal reflete um estado emocional diferente. Portanto, é literalmente possível LER A MENTE de uma pessoa através dos seus gestos, expressões e comportamento.

Podemos identificar se uma pessoa está mentindo ou falando a verdade? Está rejeitando ou aceitando alguma ideia? Está insatisfeita ou feliz? Está interessada ou distraída? Tudo isso pode ser identificado através dos seus gestos e comportamentos (essa arte é chamada de **leitura gestual**).

Existem centenas de combinações possíveis de gestos. Portanto, vamos enfatizar aqueles que serão mais relevantes para o seu desenvolvimento pessoal e poder de comunicação.

Lista de Gestos

Cabeça
- queixo para baixo = pensativo, triste, emocionado
- queixo para cima = excitado, ambicioso, cheio de energia
- queixo paralelo ao chão = seguro, confiante de si, autoestima alta

Olhos
- olhar distante e vago = em transe
- olhar para os olhos depois para baixo = sinal de ligação emocional, aceitação
- olhar triangular = sinal de interesse sexual (olho - boca - olho)
- olhar místico = intenção forte (olhar na região entre os olhos)
- piscadinha = temos um acordo?

Sobrancelhas
- franzir as sobrancelhas para dentro = raiva ou nojo
- franzir para cima = surpresa
- subir apenas uma sobrancelha = desconfiado, duvidoso

Ombros
- normais = tranquilidade, passividade e conformidade
- para frente = depressão, cansaço
- abertos, para trás = espaçoso, confiante, dominante

- um ombro para cima outro para baixo = sinal de não venha me dar ordens
- posição Superman = estou pronto para agir
- sacudir um ombro para cima = não estou nem aí, desinteressado

Mãos
- aperto de mão por cima = agressivo e dominante
- aperto de mão lado a lado = nos respeitamos
- aperto de mão por baixo = submisso (aquele que serve - carrega)
- aperto de mão luva = estilo político, eu cuido de você
- tapinha nas costas = estamos bem, conta comigo
- apontar o dedo indicador = orientar,desviar ou distrair o foco de atenção
- dedos das 2 mãos conectados = "eu sei a resposta para isso"
- apontar para baixo = plantar ou fixar uma ideia
- apontar para frente = direção a seguir
- colocar uma ideia de lado = isso não é importante
- dar ênfase na genitália = despertar interesse
- mostrar as mãos abertas = estou desarmado, sou sincero
- levantar a energia rumo aos céus, posição de louvor = energia solar/ancestral

Braços
- cruzados = frio ou "estou fechado para essa idéia"
- abertos = estou receptivo, pode falar
- para trás da cabeça = estou confiante
- em cima das pernas = estou relaxado e tranquilo
- para trás do corpo = estou no controle
- dentro dos bolsos = sensação de inadequação, "não sei o que faço com as mãos"
- no cinto apontando o órgão sexual = estou disponível

Peito
- estufado = estou confiante
- murcho com ombros para baixo = estou cansado e triste
- respirando fundo = relaxado
- respirando rápido = medo, tenso ou nervoso

Voz

- garganta = voz padrão social
- do nariz = voz fraca e desestimulante
- do diafragma = voz mais ressonante e persuasiva
- entonação = tem emoção no que é dito?

Barriga

- estufada = estou satisfeito e confortável
- contraída = estou desconfortável
- mãos na frente da barriga = estou protegendo meu ventre

Pernas

- cruzadas = estou fechado a essa idéia
- abertas = estou receptivo
- apontadas para alguém = interesse
- fazendo uma barreira = bloqueando alguém

Pés

- apontados para a porta = quero sair
- apontados para uma pessoa = estou interessado
- juntos = estou sob ordens (posição de soldado)
- separados = estou seguro com meu ponto de gravidade

Movimentos

- espaçoso = estou cheio de energia, sou importante
- encolhido = não quero chamar a atenção, sou tímido
- lentos = consciência corporal elevada
- hesitantes = falta de segurança
- bruscos = agressividade reprimida

Lembre-se que cada gesto é como uma palavra. Para ler a mente de alguém, você precisa levar em consideração o conjunto de gestos e comportamentos realizados.

Truque fácil para ler gestos, retirado do livro "O Corpo Fala"

Imagine que cada pessoa é como um conjunto de 3 animais:

Cabeça = águia (independente, inteligente e focada)
Peito = leão (coragem, força e determinação)
Barriga e genitália = boi (conforto, saciedade e satisfação)

As inúmeras emoções que você experimenta todos os dias são
refletidas de forma extremamente sincera em seus gestos e expressões.
Basta olhar a analogia entre a parte animal e reconhecer o que ele está
dizendo.

Cabeça para cima = águia confiante no futuro
Cabeça para baixo = águia triste ou cansada
Peito estufado = leão confiante
Peito baixo = leão inseguro
Barriga estufada = boi relaxado
Barriga tensa = boi insatisfeito

11. Microexpressões Faciais

Como identificar as emoções primárias do inconsciente.

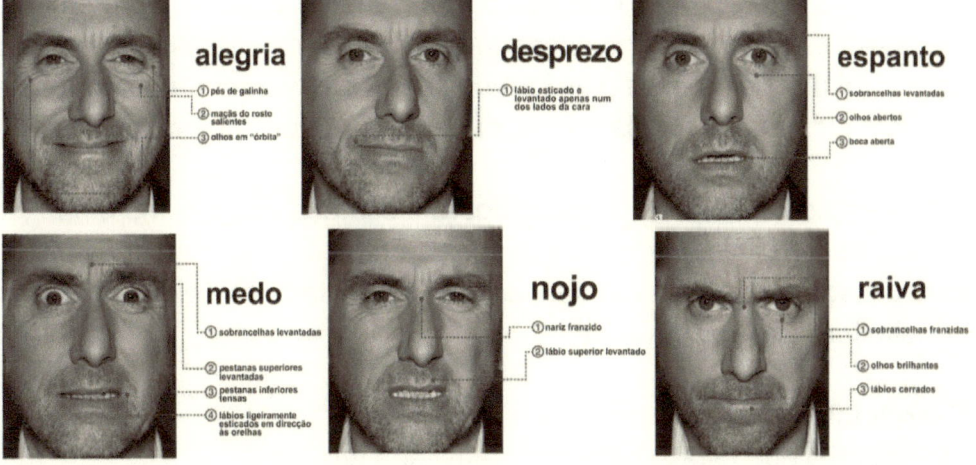

Segundo um estudo da Universidade de Glasgow, nosso cérebro leva
200 milésimos de segundo para adquirir a informação necessária sobre

o significado de uma expressão facial. Cada expressão facial **reflete e induz** estados emocionais diferentes.

As 7 emoções primárias :

1. Alegria   5. Medo
2. Tristeza   6. Nojo
3. Desprezo   7. Raiva
4. Espanto

Fato interessante: Foi comprovado cientificamente que sorrir, mesmo que fingindo, melhora seu estado emocional e reduz o estresse.
Fonte: *https://scholar.google.com.br/scholar?q=paul+ekman+emotions*

Um dos maiores pesquisadores nessa área foi Paul Ekman, especialista em codificação facial (leitura de microexpressões faciais). Suas descobertas em 1990 comprovaram que, ao sorrir conscientemente, gerando movimentos dos músculos faciais, a atividade cerebral de uma pessoa se altera com a liberação de neurotransmissores relacionados ao prazer.

Novamente, uma prova de como corpo e mente estão completamente interligados. Tanto as expressões faciais quanto os gestos refletem seu estado emocional, e o simples fato de alterar seu comportamento reflete também em uma mudança correspondente a seu estado emocional.

Por exemplo, se você se sente inseguro e começa a agir como uma pessoa segura, falar como uma pessoa segura, se movimentar como uma pessoa confiante, automaticamente seu estado emocional também irá refletir essa autoconfiança.

Exercícios de Fixação.
Identifique o que está acontecendo em cada imagem.

a._____

_____

b._____

_____

c._____

_____

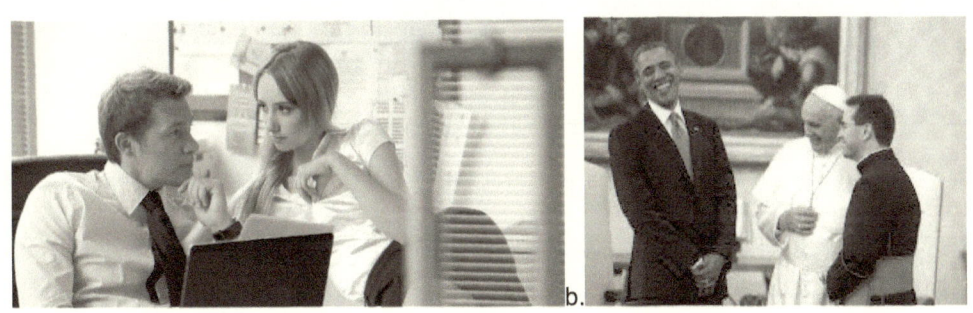

a._____

_____

b._____

_____

a._____

_____

b._____

_____

a._____

_____

b._____

_____

a._____

b._____

12. Movimento dos Olhos
Construindo e Relembrando

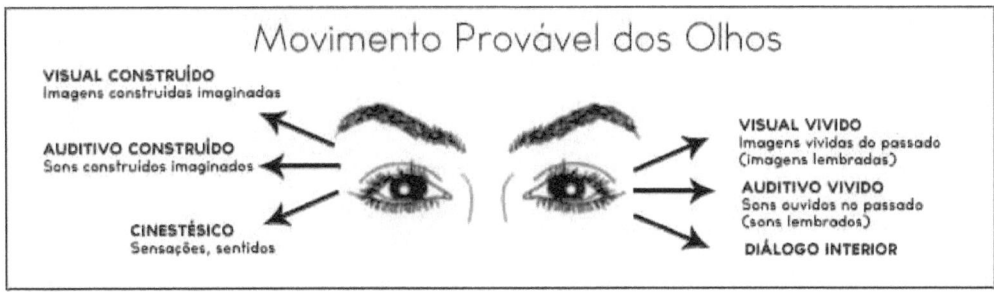

Movimento Provável dos Olhos

VISUAL CONSTRUÍDO
Imagens construidas imaginadas

AUDITIVO CONSTRUÍDO
Sons construidos imaginados

CINESTÉSICO
Sensações, sentidos

VISUAL VÍVIDO
Imagens vívidas do passado
(imagens lembradas)

AUDITIVO VÍVIDO
Sons ouvidos no passado
(sons lembrados)

DIÁLOGO INTERIOR

O movimento dos olhos reflete a parte do cérebro que está sendo ativada naquele momento. Dessa forma, podemos saber se uma pessoa está criando uma imagem que não existe (inventando) ou está lembrando de uma imagem da sua memória baseando-se no movimento dos olhos que ela faz ao acessar determinada informação.

Assim, você pode facilmente identificar um mentiroso. Se você fez uma pergunta sobre algum fato e a pessoa olha para a direita, ela está criando imagens que não existe e provavelmente mentindo. Pois para se lembrar de algo em sua memória, algo que realmente aconteceu, ela deveria olhar para a esquerda.

Resumidamente:
- Olhos para a direita = imaginação criativa
- Olhos para a esquerda = memórias e lembranças
- Olhos para baixo = atenção a sentimentos interiores

Curiosidades:
- Uma pessoa que olha nos seus olhos e logo depois olha para baixo está mostrando que ficou emocionada com algum sentimento interior a seu respeito (pode denotar interesse sexual ou afetividade, submissão)
- Piscar menos passa mais autoridade.
- Um olhar forte reflete uma grande FORÇA DE VONTADE e intenção.

13. Sistema de Ativação Reticular

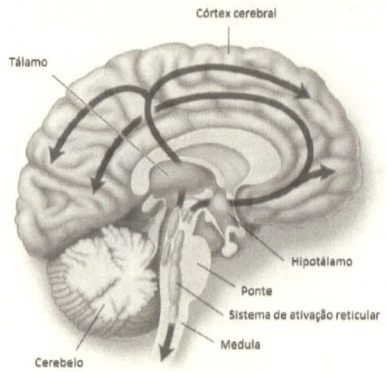

Existe em nosso cérebro algo chamado Sistema de Ativação Reticular (SAR). É o sistema responsável por filtrar a informação absorvida pela nossa mente. Esse sistema garante que aquilo a que você dá mais importância será mais facilmente percebido pelo seu cérebro no dia-a-dia.

De uma forma mais casual, é como dizer que o SAR filtra o conteúdo que absorvemos de modo a dar mais atenção àquilo que achamos mais interessante no momento, e deixa em segundo plano aquilo que tendemos a não dar tanta relevância. Este mecanismo tem papel fundamental na nossa sobrevivência e também na nossa prosperidade.

Todos sabemos o significado da palavra atenção. Ter atenção em algo é se dedicar às suas ações e pensamentos em uma determinada atividade. Imagina o quão ruim seria se tivéssemos atenção na totalidade de coisas que ocorrem a nossa volta.

Imaginou? Seria impossível realizar coisas comuns do dia a dia, como por exemplo, dirigir o seu carro até o trabalho. Já parou para pensar na quantidade de informação que temos acesso só no trajeto de casa até o trabalho? Ou quem sabe até a escola?

Somos bombardeados por nossos sentidos o tempo todo. Somos salvos de outdoors, conversas de outras pessoas, sons de insetos, o barulho do ar condicionado, cheiros diversos, temperatura ambiente, a sensibilidade dos pedais do carro e uma infinidade de outros estímulos, ou seja, isso nos ajuda bastante, mas já percebeu que quando estamos com fome e não podemos comer naquela hora, tendemos a encontrar anúncios de comida ou referências a comida em vários lugares?! Até mesmo quando estamos irritados ou estressados, às vezes parece que conseguimos observar e dar destaque em tudo aquilo que confirma o nosso péssimo estado de humor.

Quando tratamos de Programação Neurolinguística, **o SAR desempenha um papel importantíssimo na questão do foco**. Quando você estabelece uma meta a ser alcançada, o SAR faz com que a pessoa conecte melhor as informações absorvidas e as informações que a pessoa já possui na cabeça, fazendo assim com que ela alcance de maneira mais eficiente a sua meta.

Um bom exemplo seria quando a pessoa quer abrir um restaurante. Sendo assim, é bem natural que esta pessoa oriente todos os seus esforços para questões de "Como abrir um restaurante".

Esse esforço fará com que a pessoa encontre na ruas bons pontos para o seu tipo de estabelecimento, veja anúncios sobre assessoria jurídica para seu negócio e até mesmo busque conhecimento e especializações para diversificar seus pratos.

O truque aqui é fazer com que seu SAR trabalhe sempre a seu favor e foque realmente no que beneficia a sua escolha. Trabalhe desta forma e as coisas começarão a acontecer.

Quanto maior o contato com as suas metas, mais fácil será na hora de se organizar e melhor ainda na hora de realizar. Você pode utilizar uma folha de papel ou até mesmo a parede de sua casa para organizar as suas metas, mas não esqueça que você deve olhá-la toda noite antes de dormir e atualizar sempre que necessário.

Hack:
O cérebro precisa de metas bem claras para perseguir.

A maioria das pessoas não sabe como definir metas realistas, e então dizem coisas como: "eu quero ser rico" ou "eu quero emagrecer", não sendo específicas em seus resultados esperados. Em decorrência disso, quase sempre se frustram, desistindo de manter seu treinamento ou de prosseguir com seu projeto. Elas não conseguem mensurar seu progresso e nem se manter motivadas.

☐ **Passo 1. Como Criar Metas S.M.A.R.T**
Preste bastante atenção, pois essa técnica vai mudar completamente sua forma de criar metas a partir de agora.

SMART = E**S**pecífico **M**ensurável **A**tingível **R**elevante **T**emporal

Sempre que for definir uma meta, você precisa checar se ela cumpre todos esses 5 parâmetros.

Por exemplo:
Quero emagrecer - **RUIM (ampla e generalizada)**
Quero emagrecer 1 kilo por semana - **BOA (S.M.A.R.T.)**
Quero ficar rico - **RUIM**
Quero faturar 300 reais por dia vendendo minha arte - **BOA**

Mesmo se a meta parecer difícil ou se você não alcançá-la de primeira, isso vai te permitir ter um parâmetro de análise. Assim, você terá um feedback e descobrirá o que falta fazer para melhorar seus resultados.

☐ **Passo 2. FOCO em sua meta SMART**
Escreva ou desenhe sua meta em um lugar onde irá ver todos os dias. Pode ser no fundo de tela do seu celular ou mesmo pregado na parede do seu escritório. O importante é ver sua meta toda hora para sua mente ir canalizando sua energia criativa na execução.

14. Linguagem Visceral

comida (gera fome)

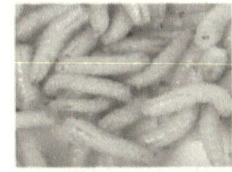
coisas **nojentas**
(gera repulsão)

sexual (gera atração)

luz e **movimento**
(chama a atenção)

A linguagem visceral é a linguagem que afeta diretamente a parte mais primitiva e instintiva do cérebro, causando reflexos involuntários fisiologicamente. **Essa linguagem está diretamente relacionada com o instinto de sobrevivência.**

Qualquer palavra, imagem ou expressão que estimule RISCO a sobrevivência vai capturar a sua atenção instantaneamente. Palavras como: socorrro! cuidado! atenção! fogo! Ou mesmo imagens como fogo, comida, ou de conotação sexual também funcionam da mesma forma.

É exatamente por isso que você sempre vê modelos bonitas em programas de TV de baixa qualidade ou mesmo em campanhas de roupas e anúncios diversos. Isso serve para capturar a atenção das pessoas de forma instintiva e sexual.

Um outro fato interessante é que, basicamente, existem 2 forças primordiais motivadoras do comportamento humano: **Fugir da Dor ou Buscar Prazer**. Tudo o que você faz está subentendido em uma dessas duas forças instintivas primordiais.

Sabendo disso, você pode usar estratégias de comunicação que usufruem dessa característica.

Exemplo 1. Leia esse livro com atenção e domine a arte da sedução ou continue sendo rejeitado pelas mulheres.

Leia esse livro com atenção e domine a arte da sedução = prazer
continue sendo rejeitado pelas mulheres = dor

Exemplo 2. Vamos nos divertir na festa ou você prefere ficar em casa assistindo sessão da tarde?

Claro que sempre que você comparar uma opção dolorosa com uma prazerosa seu cérebro irá instintivamente escolher a opção mais positiva. Por isso, a partir de agora, sempre que quiser convencer alguém, relacione o que você quer com algo prazeroso e o que você não quer com algo doloroso. Fácil assim.

Exercícios:
1. Crie uma frase usando o princípio instintivo da **dor e prazer**

_____

_____

_____

15. Poder de Decisão

Sistema Límbico - Estruturas principais

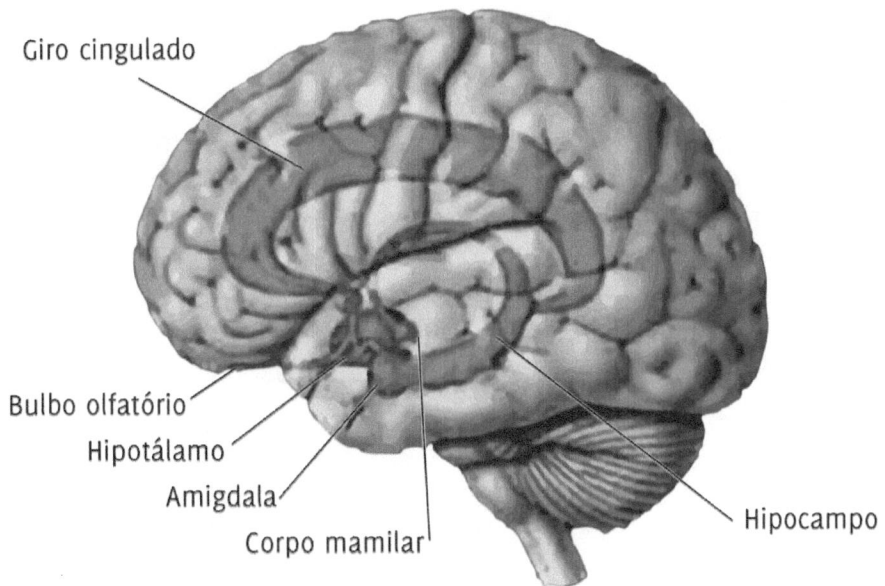

Giro cingulado

Bulbo olfatório
Hipotálamo
Amigdala
Corpo mamilar
Hipocampo

Segundo a neurociência, **você não toma decisões racionalmente, quem tomas as decisões é uma parte mais primitiva do cérebro chamada de sistema límbico.** Essa é a região responsável pelas suas emoções e pelo processamento do seu comportamento.

No livro "O erro de Descartes", o Dr. Antônio Damásio mostra como pessoas com o sistema emocional afetado por algum acidente ou trauma físico têm dificuldade para tomar decisões básicas, como por exemplo o que comer: carne ou frango?

Sem referências emocionais, fica simplesmente impossível DECIDIR mesmo coisas básicas. Isso prova que as emoções são fundamentais no processo de tomada de decisões, mesmo as mais básicas.

Cientificamente falando, o que acontece em seu cérebro é que, primeiro, **a decisão é feita de forma emocional**, e depois uma parte mais recente da evolução, chamada de neocórtex, cria uma justificativa para explicar o porquê daquele comportamento.

Isso explica o motivo pelo qual as pessoas quase sempre agem de forma irracional, deixando-se levar pelas emoções do momento e depois tentam justificar o que fizeram, como se houvesse alguma lógica em suas ações.

Acontece que tomar decisões requer um grande esforço cognitivo e exige muita energia do cérebro. Por isso, **para economizar energia, o sistema emocional funciona em base a uma rede de condicionamentos e aprendizados passados. E usa diretrizes automáticas para processar decisões com o menor gasto possível.**

Sabendo disso, você pode usar condicionamentos passados para influenciar em decisões futuras. E o melhor, você pode fazer isso usando padrões de linguagem que estimulam respostas condicionadas de forma automática.

Um desses padrões foi descoberto em 1978 pela doutora Ellen Langer e seus colegas, que realizaram um experimento muito interessante em uma fila de xerox.

Os testes examinaram como diferentes solicitações poderiam afetar a disposição das pessoas para permitir que um indivíduo furasse ou não a fila.

No **primeiro teste**, o participante disse: *"Desculpa, tenho cinco páginas. Posso furar a fila?"*

Neste cenário, cerca de **60%** das pessoas permitiram que ele furasse fila e usasse a máquina antes delas.

Na **segunda situação**, fizeram uma pequena alteração. Desta vez, o participante disse: *"Desculpa, tenho cinco páginas. Posso furar a fila porque estou com pressa?"*

Você percebeu a pequena diferença entre os dois pedidos? Vamos examiná-lo com atenção: A solicitação foi ligeiramente alterada acrescentando um "porque" (o motivo).

"Porque eu estou com pressa" não é uma boa desculpa para a maioria de nós. Mesmo assim, cerca de **94%** das pessoas deixaram que ele furasse a fila desta vez.

Se você achou estranho, vamos à solicitação usada no terceiro e **último teste**: *"Desculpa, tenho cinco páginas. Posso furar a fila porque eu tenho que fazer cópias?"*

É uma justificativa insuficiente para que as pessoas deixassem o participante furar fila, afinal, todo mundo ali quer tirar cópias.

Apesar disso, **93%** das pessoas permitiram que ele passasse na frente, apenas 1% a menos que no caso anterior, porém, **33% a mais** que no primeiro teste, no qual não há um porquê no pedido.

Esse experimento foi repetido outras vezes com algumas alterações nos parâmetros, e os resultados ainda foram surpreendentes.

O que isso significa realmente? Esse experimento prova que algumas palavras podem ativar padrões de comportamentos automáticos que fazemos sem pensar...

Isso é chamado de Mindless Behaviour, que é quando NÃO prestamos atenção aos elementos realmente relevantes e tomamos decisões sem pensar racionalmente, apenas seguindo condicionamentos emocionais anteriores.

Hack: Use a palavra PORQUE e dê uma RAZÃO para aceitarem suas sugestões e você verá um aumento considerável na aceitação das suas ideias por parte das outras pessoas.

16. Palavras de Encantamento

Como você aprendeu, algumas palavras têm o poder de estimular respostas emocionais condicionadas automaticamente. Veja agora **quais são as 9 palavras mais poderosas que podem ser usadas**. Na verdade, essas palavras são tão poderosas que HIPNOTISTAS usam esses mesmos padrões de linguagem para fazer apresentações e causar   até   mesmo   alucinações.

Lista de 9 comandos mágicos:

Sim! Sim! Sim!	(yes set! - condicionamento e reforço positivo)
Imagine…/ Faz de conta…	(ativa o subconsciente)
…E…	(liga pensamentos)
Mas …	(apaga o que foi dito antes)
Quanto mais…mais…	(cria um loop)
…porque…	(justifica e distrai o consciente)
Tentar / resistir…	(induz ao erro)
Em um momento…Quando…	(antecipa e cria expectativa)
Além disso…	(eliminar objeções mudando o frame)

1. PORQUE

O experimento da fila de xerox da Dra Ellen Langer comprovou que quando fazemos um pedido para alguém e damos alguma razão importante, esse pedido tem muito mais chances de ser aceito.

Algumas palavras funcionam como reflexos condicionados culturalmente, automatizando o processo de decisão do cérebro humano.

Exemplo:

"Desculpa, tenho cinco páginas. Posso furar a fila?" 60%

"Desculpa, tenho cinco páginas. Posso furar a fila **porque** estou com pressa?" 94%

"Desculpa, tenho cinco páginas. Posso furar a fila **porque** eu tenho que fazer cópias?" 93%

Experimento Dra. Ellen Langer - Fonte:https://scholar.google.com.br/scholar?hl=pt-BR&q=ellen+langer

Existe um padrão automático, sempre que um pedido é feito e uma razão é dada. O cérebro emocional tende a aceitar automaticamente sem questionamento e análise racional para não gastar mais energia no processo de decisão. Esse padrão é disparado sempre que a palavra porque é usada para justificar algo.

Exemplo.
Você pode comprar aquele livro.
ou
Você pode comprar aquele livro porque ele é legal.

Qual das frases você acha que tem mais impacto no subconsciente? Acertou se você respondeu a segunda. "Porque ele é legal" pode não ser uma boa razão, mas mesmo assim gera um impacto emocional muito mais forte do que a primeira frase sem a justificativa.

A técnica aqui é simples: sempre que você estiver conversando e quiser que alguém aceite o que está falando com mais facilidade, diga porque ele deve fazer isso.

2.SIM
A maioria das pessoas subestima essa palavrinha, pois não enxerga seu poder de influência subconsciente. Existe uma técnica de negociação chamada de YES SET! bem conhecida entre vendedores. **Essa técnica consiste em conseguir que uma pessoa te diga 3 SIM antes de você fazer algum pedido maior.**

Exemplo.
Você é um ser humano? SIM
Você precisa se comunicar com outras pessoas, não é mesmo? SIM
Você queria poder influenciar elas sem que percebam, certo? SIM
Está pronto para adquirir o curso agora?

Veja como existe uma tendência natural para que você responda sim novamente. Isso se deve ao condicionamento prévio que foi feito com as outras perguntas. **Quando você repete uma sugestão várias vezes para o cérebro, ele se prende aquele padrão** (vide experimento de Pavlov - Condicionamento).

Hack: O objetivo aqui é fazer com que a pessoa diga sim o máximo de vezes possível. Fechado? De acordo? Pronto para continuar?

3 ... E ...

Essa conjunção simples permite que você multiplique o poder de qualquer sugestão ou afirmação **criando uma sugestão composta**. E, além disso, ela ajuda no condicionamento e funciona como um reforço positivo sempre que é disparada (ver experimento de Skinner - reforço positivo).

A conjunção "e" funciona para ligar ideias, reforçando a ideia anterior e criando novas associações.

Exemplo: você pode ler esse livro **e** anotar as ideias mais importantes. Sugestão Composta = Sugestão simples 1 + Sugestão simples 2

4. MAS...
Pouca gente sabe, mas essa pequena palavrinha tem uma função muito importante em nossa comunicação. Ela tem o poder de APAGAR tudo o que foi dito antes.

Ou seja, ela funciona como uma forma simples de quebrar qualquer resistência que uma pessoa possa ter em relação a sua sugestão.

Sempre que a pessoa dizer "não", você pode dizer algo como:
- Sim, mas... e então apresentar um novo ponto de vista.

A memória temporária humana é bem limitada e, assim, quando quebramos o padrão com a palavra MAS e mudamos a linha de raciocínio para outra direção, é fácil com que a pessoa se perca no que estava pensando e acabe entrando em sua nova linha de raciocínio.

5. Tentar/ Tente resistir…

Sempre que você diz "tentar", você está pressupondo que pode existir uma falha no processo. Isso faz com que a pessoa fique pensando que vai falhar

Ex.
 Você pode tentar, mas não consegue.

Qualquer hipnotista sabe que esse é um teste para checar se o subconsciente da pessoa está aberto naquele momento. Por isso, existem testes de sugestibilidade antes do show de hipnose começar.

Por exemplo:
Olá a todos! Vamos fazer um experimento agora para testar o poder da sua mente. Quero que fechem as mãos, umas nas outras, isso mesmo. Agora, fixe sua atenção nelas enquanto imagina que estamos passando uma cola mágica entre elas. Isso, perfeito! Em um momento, vou falar para você TENTAR, mas você não consegue, pois elas estão totalmente grudadas, coladas travadas. 123

Pronto. Com esse teste, o hipnotista vai saber quem naquele momento está mais suceptível. Quem TENTAR e não conseguir, quer dizer que já está hipnotizado, pois está com o subconsciente aberto.

6. Quanto mais … mais…

Ele permite que se crie um loop de pensamento, ou seja a pessoa não consegue parar de pensar naquilo, por mais que tente.

Você já devo ter visto algo assim antes.
Por exemplo, uma pessoa que quer emagrecer e quer parar de comer, mas quanto mais pensa em parar de comer, mais vontade tem de comer.

Ou mesmo um estudante que sabe que precisa parar de jogar videogame para estudar, mas quanto mais pensa em parar de jogar, mais vontade tem de jogar.
Isso acontece porque a mente da pessoa criou um loop.

Um padrão de pensamento auto recursivo.

Da mesma forma, você pode usar esse mesmo padrão para ir criando loops extremamente poderosos na mente das pessoas sem que elas percebam.

7. Em breve / em um momento/ quando …

Esse padrão serve para criar uma expectativa e antecipar algum evento futuro, deixando a mente consciente com uma lacuna aberta e incompleta até que se chegue o momento presumido.

Isso é fundamental para manter a atenção das pessoas no que está dizendo.

Na verdade, esse padrão é tão poderoso que gera bilhões de dólares todo ano. Você pode vê-lo sendo aplicado no mercado de filmes de Hollywood, por exemplo.

As empresas criam traillers incríveis que deixam as pessoas loucas apenas esperando o momento de poder assistir. Esse é o poder da expectativa.

Apesar de eu ter colocado como palavra a expressão "em breve", você pode usar outras variações relacionadas como … em um momento, em um segundo, um dia no futuro…

A questão principal aqui é criar a expectativa de algo vai acontecer.

Isso faz com que o subconsciente seja ativado e fique atento ao sinal.

Existe um experimento que comprova o poder da expectativa, denominado efeito zeigarnik.

Esse experimento provou que nós, seres humanos, nos LEMBRAMOS mais de tarefas que estão incompletas do que das tarefas que já foram completadas.

Se você não acredita nisso, deixa a torneira do banheiro aberta e vai tentar resolver outra coisa. Você não vai conseguir se concentrar, pois o problema da torneira aberta é mais importante para a sua atenção instintiva.

8. Além disso ...

Esse padrão serve para mudar a linha de raciocínio, obrigando as pessoas a verem as coisas por outro ângulo. Funciona como uma ferramenta para eliminar objeções.

Ex.
- Não gostei dessa coisa.
- Ok, tudo bem. Mas além disso você gostou do ... benefício x e y

9. Imagine/faça de conta ...

Um comando direto para o subconsciente. Você faz o cérebro criar uma IMAGEM MENTAL, o que direciona seu pensamento para uma atividade não analitica (ultrapassando o senso crítico do neocórtex instantaneamente).

Ex.   Imagine como seria poder influenciar as pessoas usando somente as palavras.

Hack - As Leis de Ouro Da Persuasão

Primeiro. Tenha um objetivo antes de começar a se comunicar.

Segundo. Evite conflitos de opiniões. Concorde e aceite

Terceiro. Não se distraia com assuntos aleatórios, retorne para o seu objetivo.

Quarto. Use as palavras sempre que puder, pois elas são como portas para o subconsciente.

Quinto. Faça a pessoa dizer sim o máximo de vezes possível.

Sexto. Transforme não em talvez.

Sétimo. Alavanque suas sugestões, cada sugestão atendida abre porta para outra maior.

Oitavo. Reforce crenças positivas com recompensas. Isso mesmo, perfeito! Você fez um ótimo trabalho até agora! Muito bem! Gostei de ver!

Nono. Faça pressuposiçoes e crie expectativas para orientar o seu objetivo.

Décima regra. Use a lei da causa e efeito para transformar qualquer experiência e alterar associações.

Você vai ver a seguir exemplos de ROTEIROS usados em apresentações de hipnose. Veja que estes usam as palavras de encantamento para induzir comportamentos específicos.

Exemplo (grudar mãos em uma mesa) :

Olá, tudo bem? Quer participar de um experimento psicológico para conhecer o poder da sua mente? Pode se sentar aqui? Isso... *(yes set !)*

Você consegue colocar a mão aqui? Isso, perfeito! *(reforço positivo)*
Agora, fixe seus olhos em um ponto da sua mão (indução) e **imagine** que estamos colocando uma cola mais forte que super bonder. Você pode pressionar um pouco mais sua mão para baixo para sentir a cola e grudar ainda mais (convincer fisiológico / memória motora).

O que está mais grudado? Sua mão ou seus dedos? Dedos? (yes set!) Ok, então passe essa cola também para a palma da sua mão e observe que **quanto mais** você se concentra, **mais** grudada sua mão fica.

Isso, sua mente é muito poderosa! *(recompensa - reforço positivo)*
Em um momento, quando você tiver certeza que sua mão está completamente grudada, você vai **tentar** desgrudá-la, **mas** não vai conseguir .

Pode tentar! Talvez já esteja tentando, mas **quanto mais** tenta, **mais** difícil e impossível.

Exemplo (gerar amnésia) :

Olá, tudo bem**?** Quer ser hipnotizado**?** Pode se sentar aqui**?** Isso... (*yes set !)*

Sabe quando você está conversando com um amigo **e** você quer falar para ele sobre um filme que viu com aquele ator ... ehh, **sabe quando** você sabe o que é **e** a palavra está na ponta da língua, **mas** você não consegue se lembrar.

Como se **quanto mais** você **tentasse, mais** difícil ficasse **porque** a informação se esconde **e** desaparece.

Como seu nome, ele estava aqui (finge que está pegando algo na testa da pessoa e joga bem longe) e sumiu! *(sugestão* verbal e não-verbal). Seu nome sumiu **e,** mesmo se **tentar,** não consegue! (reforço com sugestão composta)

Qual seu nome**?** Perceba que, **quanto mais tenta, mais** difícil **e** impossível.

Exemplo (anestesia hipnótica) :

Você já foi criança um dia né**?** Sim**?** Ótimo! Então você sabe brincar de faz de conta né**?** *(yes set !)* Então, apenas **faça de conta** que tudo que eu disser para você é absolutamente real, ok**?** Faça acontecer. Concentre-se nas sugestões **e** divirta-se!

Feche os olhos **e imagine** que suas pálpebras estão completamente coladas, estou passando uma super cola mais forte que super bonder (levante suas sobrancelhas - convincer). **E quando** você **tentar,** por mais força que faça, não vai conseguir, **porque** elas já estão completamente grudadas **e** é impossível.

Pode **tentar!** Impossível né**?** Ok, ótimo! Perfeito! Continue tentando enquanto eu passo uma anestesia incrivelmente poderosa aqui no seu braço. Ela é muito rápida, então você pode perceber que seu braço **já está** completamente relaxado **e** os músculos desligados.

Como um pedaço de carne morta, veja isso *(levante e deixe cair a mão - Convincer de relaxamento)*. **Totalmente anestesiado!** (tom de voz forte dando um susto - indução rápida)

Completamente anestesiado, não pode sentir nada **porque** está completamente anestesiado.
Exemplo (hipnose palco / alucinação positiva) :

Olá, tudo bem**?** Quer ser hipnotizado**?** Pode se sentar aqui**?** Isso... (*yes set !)*

Então, **imagine** que estamos colocando seu pé em um bloco de concreto, e agora ele pesa 1 tonelada. **E** mesmo se você **tentar** levantar, você não vai conseguir, **porque** é impossível uma pessoa levantar 1 tonelada. (Convincer)

Quanto mais você se concentra, **mais** pesado **e** impossível fica. (loop)
Bem legal né? Agora veja que interessante **quando** eu estalar meus dedos. Essa cola vai passar para sua mão. - snap! -

Tem cola na sua mão agora (coloque a mão da pessoa na cabeça) veja como ela fica colada na sua cabeça. Totalmente colada e **já é** impossível movimentar sua mão, **porque quanto mais tenta, mais** grudada ela fica.

Isso, muito bom! **Quando eu** estalar os dedos, a cola vai desgrudar! - **Snap!** Isso, legal!

Quer ver uma coisa ainda mais interessante agora**?**

Fique aqui, junte seus pés assim, isso. Olhe para os meus olhos **e** segure minha mão. Isso, perfeito! **Em um momento**, eu vou dizer "DURMA!" E você não vai dormir, vai apenas relaxar, fechar os olhos e abaixar a cabeça, beleza? Como se estivesse dormindo.

Olhe nos meus olhos **e DURMA!** (dá um pequeno puxão no braço da pessoa - indução rápida) Profundamente, mais e mais profundo! ...

Isso, perfeito. **Em um momento**, eu vou dizer para você abrir os olhos, **mas quando** abri-los, vai perceber que estou segurando um copo de suco de laranja bem delicioso.

123 - abra os olhos (mostre à pessoa um copo de água, por exemplo. Deixe-a beber e veja sua reação) .

Está delicioso né? **Mas** veja que, quando eu tocar seu ombro, esse suco vai ficar com um gosto muito azedo... (continue escalonando as sugestões com o padrão)

Ex.

Agora, quando eu estalar meus dedos, você vai começar a rir como se eu estivesse contando a piada mais engraçada do mundo.

Agora, quando eu estalar meus dedos, você vai se tornar um hipnólogo **e** vai conseguir hipnotizar qualquer pessoa da plateia.

Agora, quando eu estalar meus dedos, você vai perceber que está em Gotham City e o Batman está aqui do seu lado esquerdo disfarçado de Bruce Wayne.

Dê asas a sua criatividade. Veja os fenômenos hipnóticos que você pode causar

1. Fixação do olhar

2. Aderência

3. Catalepsia

4. Anestesia

5. Amnésia (nome e número)

6. Âncora (toda vez que x, você y)

7. Alucinação (delírio, positiva e negativa)

Se você quiser aprender mais a fundo sobre técnicas de hipnose de palco, confira meu livro "Os Segredos Da Hipnose Conversacional" - https://amzn.to/2ENz9Vx

Dê uma olhada↴

Os Segredos Da Hipnose Conversacional: Descubra Como Hipnotizar Qualquer Pessoa Sem Precisar Dizer "Durma Profundamente" eBook Kindle
por Marcelo Maia (Autor)

☆ ☆ ☆ ☆ ☆ ∨   33 avaliações de clientes

1º mais vendido ‹ em Psicologia Aplicada Saúde, Boa Forma e Dieta

› Ver todos os formatos e edições

eBook Kindle
R$ 0,00 kindleunlimited

Este título e mais 1 milhão disponíveis com Kindle Unlimited
R$ 12,97 Preço eBook Kindle

Exercício:

1. **Crie um algoritmo hipnótico** usando as palavras de encantamento.

Ex. Cole e passe a cola

_____

_____

_____

_____

____

_____

_____

_____

_____

_____

_____

_____

_____

_____

_____

_____

_____

_____

_____

17. Gatilhos Mentais

Humanos aprendem por associação. E quando rastreamos essas associações às suas origens, encontramos esses gatilhos mentais que, ao serem ativados no cérebro, disparam respostas emocionais específicas que ajudam no processo de DECISÃO.

Como você já sabe, o processo de decisão não é feito pela parte consciente da sua mente, uma vez que esta apenas cria a justificativa posterior. Quem toma as decisões é uma parte mais primitiva e irracional do cérebro denominada sistema límbico, que gerencia suas emoções.

Lembrando que emoções são associações de estímulos sensoriais (submodalidades) que foram gravados em sua memória.

► Gatilho Mental da Reciprocidade

Toda vez que você dá algo genuíno, de coração para uma pessoa, ela se sente na obrigação em retribuir esse presente/favor para você.

Somos seres sociais e, em tempos remotos da história humana, a troca de recursos é uma excelente estratégia de sobrevivência, pois te permite trocar o excedente que você produz com alguém que precisa .

As pessoas tendem a tratar os outros da mesma maneira que estão sendo tratadas. Se um indivíduo é tratado com respeito e cordialidade, ele responderá da mesma maneira.

Por exemplo, se você convida alguém para o seu aniversário ou casamento, logo em seguida, quando chegar o dia dessa pessoa, ela se lembrará de você, pois você ativou esse gatilho na mente dela.

Além disso, se ela recebe um presente ou benefício, ela sentirá a necessidade de retribuir e não esquecerá o que você fez.

Este princípio também funciona para trazer proximidade: se informarmos a alguém sobre algo secreto ou íntimo, essa pessoa terá maior probabilidade de nos dizer algo semelhante. Caso você conte um segredo, essa pessoa saberá que pode contar segredos para você também.

A reciprocidade está intimamente interligada com a sobrevivência, afinal, TROCAR RECURSOS é uma poderosa estratégia para sobreviver em tempos difíceis

►Gatilho Mental da Escassez

O efeito do **Gatilho da Escassez** afirma que estamos mais interessados em adquirir coisas se pensarmos que são únicos ou difíceis de obter.

É por isso que ouro, diamante, quartos de hotéis em alta temporada, assentos próximos ao palco, obras de arte, ou seja, tudo que tem pouco, vale mais ou até mesmo a oportunidade de conhecer alguém importante gera tanto interesse nas pessoas.

Os anunciantes usam este princípio quando criam ofertas de "tempo limitado" ou "enquanto durarem os estoques". O serviço "apenas para convidados" é outro exemplo.

À medida que as coisas se tornam menos acessíveis, perdemos a liberdade. Segundo a psicologia humana, nossa reação é querer, mais do que antes, essa liberdade que foi tomada por causa da escassez.

A escassez é um fator motivador para a pessoa tomar uma decisão, já que se ela não tomar a ação, outra pessoa pode tomar no lugar dela e ela ficar sem.

▶Gatilho Mental da Autoridade

Desde crianças, somos condicionados a obedecermos pessoas com autoridade maior do que a nossa. Um filho obedece ao pai. Um aluno obedece ao professor. No hospital, obedecemos ao médico..

Estamos mais predispostos a sermos influenciados quando somos direcionados por uma autoridade. Este princípio não está relacionado ao exercício do poder ou coerção, mas com a aura de credibilidade e o status que as autoridades possuem.

As pessoas têm a tendência de confiar em autoridades. Autoridades não propriamente ditas, como alguém de uniforme e um distintivo, mas alguém que represente uma autoridade para ela.

É por isso que celebridades são usadas como grandes influenciadoras quando falam sobre ideias ou produtos políticos, mesmo que não sejam especialistas nos tópicos sobre os quais falam.

Você pode estabelecer sua posição mediante:
Profissionalismo;
A sua experiência profissional em determinado assunto, mostrando que você entende daquilo que está vendendo, demonstrando ser um profissional habilitado.

Conhecimento do setor;
Se você trabalha em determinado setor, se posicione como a

autoridade, como a pessoa que os outros devem procurar para aprender mais sobre o assunto.

Suas   **credenciais;**
Você possui títulos? Mostre-os todos. Você pode pendurar na parede todas as suas certificações para mostrar que você é um profissional   *habilitado.*

Admitir   **falhas**   **primeiro.**
Quando você é o primeiro a descobrir uma falha e a apresenta, as pessoas passam a vê-lo como autoridade, já que muitas vezes isso é despercebido pela maioria.

▶Gatilho Mental da Compromisso e coerência

O **gatilho da Consistência** aumenta a sua credibilidade diante das pessoas.

O que você deve ter em mente é que as pessoas reparam quando você começa algo e está fazendo isso de forma consistente. Por exemplo, os posts de seu blog, ou sua frequência nas aulas para aprender um novo idioma.

Vale ressaltar esse gatilho em alguns pontos:
Comece pequeno e cresça;
Use os compromissos que você já tem e os fortaleça a cada dia. Se você faz um post diário, aumente para 2, e assim vai;
Dê posições públicas. Sempre que você se compromete a fazer algo em público, isso aumenta as suas chances de que isso se torne real.

▶Gatilho Mental da Afinidade

Esse é um princípio simples e que atinge todo mundo. Somos mais propensos a sermos influenciados por pessoas que gostamos, pessoas com que nos identificamos.

A afinidade é uma forma poderosa para que você crie *rapport* com as pessoas. Quando você sabe elogiar sem ofender, se vestir como a pessoa, ou aproveitar oportunidades para ajudar, elas vão se sentir à vontade com você e, nessa hora, estarão mais susceptíveis a te ouvir.

▶Gatilho Mental da Prova Social

O princípio da prova social afirma que nós tendemos a adaptar nossas ideias segundo a opinião da maioria. Nós somos mais propensos a aceitar algo se outros já aceitaram, e é mais provável que o rejeitemos se outros o tenham rejeitado.

O consultor de vendas e motivação Cavett Robert capta perfeitamente o princípio em seu conselho aos trainees de vendas: *"Como 95% das pessoas são imitadoras e apenas 5% iniciadoras, elas são mais persuadidas pelas ações dos outros do que por qualquer prova que possamos oferecer"*.

A prova social funciona da seguinte forma: imagine dois restaurantes, um ao lado do outro, sendo que um deles possui uma fila enorme de pessoas esperando para entrar e conseguir um lugar, e o outro está completamente vazio. Qual dos dois você acha que é melhor?

A aprovação social é mais influente sob duas condições. A primeira é a incerteza. Quando as pessoas estão inseguras ou a situação é ambígua, elas têm maior tendência a prestar atenção nas ações dos outros e aceitá-las como corretas.

A segunda condição onde ela é aplicada está na semelhança. Se uma pessoa está tomando determinada ação, outra sente que pode tomá-la também.

Como utilizar a prova social no seu dia-a-dia? Libere o poder das pessoas mostrando:
As reações de muitas outras pessoas;
Sucesso que os clientes tiveram ao utilizar seu produto/serviço;
Depoimentos de pessoas semelhantes;

Essa é uma pequena amostra sobre os **gatilhos mentais** falados por **Robert Cialdini no livro As Armas da Persuasão**. Existem muitos outros gatilhos que não foram falados aqui, mas que, quando combinados, exercem um alto poder de influência.

O importante em aprender sobre os **gatilhos mentais** não está apenas em *fazer amigos e influenciar pessoas*, mas também em saber se defender de quando as *armas da persuasão* são utilizadas em você. Além disso, você pode utilizar os gatilhos para ajudar outras pessoas a entender o que é que você está vendendo para ir de encontro com a necessidade dele.

18. Condicionamento Operante

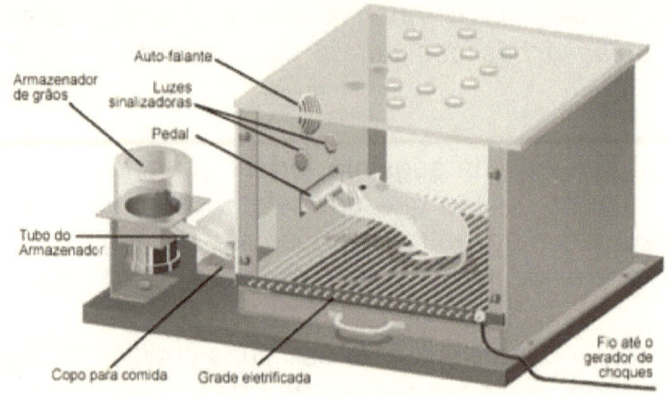

Você já sabe que humanos aprendem por associação. Mas como funciona esse aprendizado exatamente? Neste capítulo, você vai descobrir o poder do reforço positivo e da punição no aprendizado.

O fato é que nós descobrimos o mundo através dos nossos sentidos e, desde crianças, essas sensações e experiências vão sendo gravadas em nossa memória. Comportamentos que nos provocam DOR são evitados, e comportamentos que geram prazer ou recompensa são repetidos novamente.

Na natureza, esse processo de aprendizado ocorre naturalmente. Porém, o cientista Frederic Skinnner conseguiu sistematizar esse processo de aprendizado artificialmente. Ele criou um sistema denominado Caixa de Skinner, que podia ser usado para treinar pombos, ratos, dentre outros animais, a aprenderem padrões complexos de comportamento.

Uma *caixa de Skinner*, também conhecida como *câmara de condicionamento operante*, é um aparelho fechado que contém uma barra ou chave que um animal pode pressionar ou manipular de modo a obter alimentos ou água como um tipo de reforço.

Funciona de forma bem simples. Sempre que um animal tem um comportamento direcionado ao que você quer que ele faça, você reforça o comportamento dando alguma recompensa. Se ele faz algo na direção errada, você dá uma punição.

Por exemplo, ele queria treinar os pombos a darem uma volta em 360° completa. Para isso, toda vez que o pombo mexia a cabeça para a esquerda, ele liberava um pouco de comida. Ele fez isso até que o pombo desse a volta completa. Da mesma forma, ele pode treinar um rato para pressionar a barra sempre que quisesse comida.

Existem vários vídeos na Internet sobre esses experimentos, e eu recomendo que você os assista. Basta procurar "Experimento Skinner" ou "Caixa de Skinner" no YouTube.

 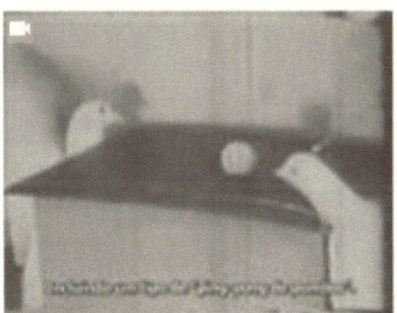

Exemplos de Condicionamento no seu dia a dia:

1. No jogo do celular, você ganha moedas, troféus e prêmios sempre que completa uma atividade.
2. No trabalho, você excede a cota de vendas deste mês. Por isso, o seu chefe lhe dá um bônus
3. Quando você faz algo errado, brigam com você... enfim, o condicionamento está sempre acontecendo, você perceba ou não.

Como usar isso no seu dia a dia? Hack :

Simples, sempre que alguém fizer algo positivo, o mínimo que seja, recompense o esforço de alguma forma:

- Você pode fazer bons elogios a sua performance. **Ex.** Parabéns! Muito bom… Você está indo bem!

- Você pode dar algum incentivo, como chocolate ou sorvete ou algo que a pessoa goste sempre que ela acertar ou se comportar adequadamente.

- Você pode usar a punição sempre que a pessoa fizer algo errado.

Tenho certeza que você pode pensar em várias formas de utilizar esse conhecimento no seu dia a dia. Basta usar um pouco de criatividade. Pense em qual comportamento você gostaria dos seus filhos ou cônjuge, por exemplo, e encontre formas de incentivá-los positivamente nessa direção.

19. Condicionamento Clássico

Reflexos Condicionados (âncoras)

Estímulo › Resposta

Depois que você cria um COMPORTAMENTO CONDICIONADO, você pode usar os estímulos iniciais que o geraram para disparar respostas emocionais específicas. Existe uma relação de causa e efeito, como já dissemos antes; o ser humano aprende por associação.

Por exemplo, se a pessoa foi condicionada, mesmo que naturalmente, a ter medo de aranha, ao ver uma aranha, no futuro ela sempre irá sentir medo novamente.

Essa é uma resposta emocional bem ÓBVIA. Porém, o que a maioria das pessoas não percebe é que tudo o que você vê, tudo o que as pessoas fazem, tudo o que dizem, tudo o que você escuta causa uma resposta emocional correspondente.

Tudo isso fica mais claro quando você entende a descoberta de Pavlov. Ele descobriu como criar NEUROASSOCIAÇÕES entre estímulo e resposta.

A experiência do Cão de Pavlov consistiu em associar um estímulo não condicionado (comida) com a apresentação de um estímulo neutro (som de uma campainha).

Após a repetição desta associação de estímulos, verificou-se que o cão aprendeu a salivar perante o estímulo que antes não provocava qualquer resposta (neutro), mesmo na ausência do estímulo incondicionado (comida). Assim este comportamento seria denominado de resposta condicionada (aprendida).

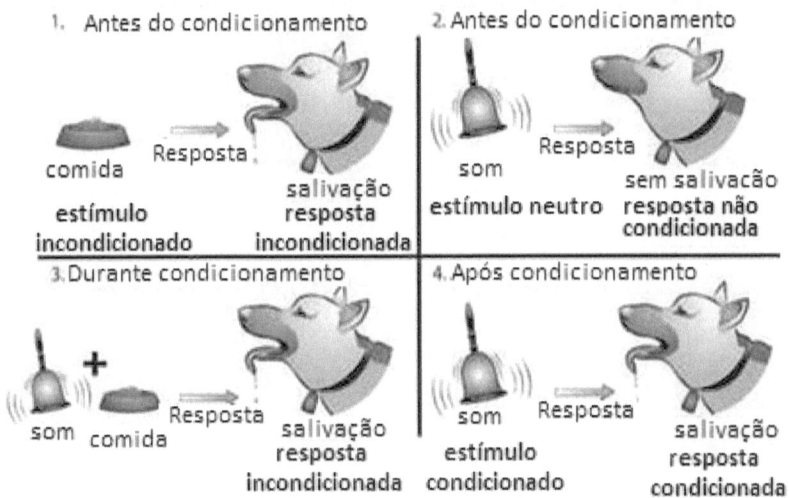

Fonte: https://scholar.google.com.br/scholar?q=pavlov+dog+experiment

Virtualmente qualquer estímulo: visual, auditivo ou sensorial pode ser associado a um estado emocional específico.

Descubra os estímulos que motivam uma pessoa e ela será motivada. Descubra os estímulos que fazem uma pessoa se apaixonar e ela ficará apaixonada...

Hack:
1. Pense em qual emoção você gostaria de causar na outra pessoa. Descreva essa emoção acontecendo para causar a resposta emocional correspondente.

Exemplo: Você acabou de conhecer alguém e precisa que essa pessoa confie em você? Então, descreva como é confiar em alguém à primeira vista.

"Olá, tudo bem? Prazer, meu nome é Marcelo. Engraçado como seu rosto me parece familiar. Me lembra muito um amigo meu que eu tinha muita confiança. "

Quando você descreve algo VERBALMENTE, você faz a parte emocional do cérebro experimentar aquela exata sensação. Esse é um dos maiores segredos da hipnose conversacional.

Por isso, você chora em um filme ou em uma série. Mesmo sabendo que a história é fictícia conscientemente, o sistema límbico responsável pelas emoções experimenta tudo como se fosse real. **Para o cérebro, não existe separação entre real ou imaginário.**

Confira meu livro "Os Segredos Da Hipnose Conversacional" para mais exemplos e gatilhos mentais como esse - https://amzn.to/2ENz9Vx

Dê uma olhada↘

Os Segredos Da Hipnose Conversacional: Descubra Como Hipnotizar Qualquer Pessoa Sem Precisar Dizer "Durma Profundamente"
eBook Kindle
por Marcelo Maia (Autor)

☆☆☆☆☆ ⌄ 33 avaliações de clientes
1º mais vendido em Psicologia Aplicada Saúde, Boa Forma e Dieta

› Ver todos os formatos e edições

eBook Kindle
R$ 0,00 kindleunlimited

Este título e mais 1 milhão disponíveis com Kindle Unlimited
R$ 12,97 Preço eBook Kindle

Hack 2:

Você também pode criar âncoras emocionais específicas. Basta associar um estado emocional a um estímulo específico.

Por exemplo: quando a pessoa sorri e está feliz, você a toca no ombro. Faça isso pelo menos 3 vezes para reforçar a âncora.

Dessa forma, sempre que tocar-lhe o ombro, aquela sensação de alegria será posteriormente disparada inconscientemente.

Essa técnica também é muito utilizada em hipnoterapia. O hipnoterapeuta cria uma relação entre causa e efeito usando os seguintes padrões de linguagem hipnóticos:

Toda vez que X, então Y
Quando X, então Y

Ex.
Toda vez que você tocar em uma caneta, sua concentração será amplificada. Toda vez que respirar profundamente, irá se sentir mais relaxado e tranquilo...

Hack 3:
Âncoras são poderosas ferramentas de controle emocional. Dessa forma, você pode usá-las também como ferramenta de auto-hipnose.

Exemplo: Você está se sentindo desmotivado?

1. Feche os olhos e lembre-se de um momento da sua vida onde se sentiu muito bem, motivado e cheio de energia.
2. Imagine essa sensação sendo amplificada. Imagine que está ainda maior.
3. Associe um estímulo sensorial a essa sensação, estale os dedos ou feche o punho. Crie um estímulo que seja fácil de se lembrar e de ativar. Dessa forma, você pode usá-lo sempre que precisar.
4. Quando estiver se sentindo desmotivado, dispare o gatilho para reativar aquela emoção correspondente.

Você pode usar esse mesmo processo para criar qualquer tipo de emoção que você deseja associando a um estímulo sensorial específico.

20. Como Funciona a Memória de Longo Prazo

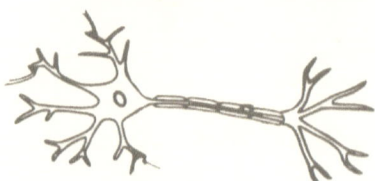

Humanos aprendem por associação. Em nossa memória de longo prazo estão todas as experiências já vivenciadas. Algumas de fácil acesso consciente e outras escondidas nas profundezas do inconsciente.

O fato interessante aqui é que **a nossa memória é associativa,** ou seja, um conceito está relacionado com outro como em uma rede de informações. Da mesma forma que um neurônio se conecta a outro formando uma rede.

Cada experiência que você teve está codificada em seus SENTIDOS. Por exemplo, lembre-se de uma festa onde se divertiu muito. Feche os olhos para facilitar e observe o que você percebe? Música, quais são as imagens, onde você estava? Que roupa estava vestindo?

Enfim, ao começar a se lembrar, você percebe que suas memórias são codificadas na linguagem dos sentidos (visão, audição, paladar, toque, olfato).

No entanto, esses sentidos apresentam várias submodalidades diferentes. Por isso, **nossas memórias se tornam mais ou menos intensas, de acordo com a quantidade e qualidade das submodalidades sensoriais associadas a elas.**

Memória

Demonstração Prática:

Feche os olhos e imagine a palavra MEMÓRIA escrita de forma gigante, tão grande que chega até o céu. Algo surreal. Agora, imagine que essa palavra está escrita de forma bem colorida, existe música ao seu redor e calda de chocolate derretendo no topo. Mmmm, legal né? Pode abrir os olhos.

Nós acabamos de criar em sua mente uma imagem cheia de estímulos sensoriais e, assim, fica fácil de você se lembrar dessa cena, mesmo dias depois.

Agora, por outro lado, vamos mostrar o contrário. Quando não existem muitos estímulos ou eles são fracos, a memória se torna menos intensa. Faça o teste; feche os olhos e imagine dessa vez que a palavra MEMÓRIA está escrita em uma folha de papel bem pequena, e que você deixou essa folha de papel cair e sumiu. Ok, pode abrir os olhos agora.

Veja que, ao diminuir o tamanho dos estímulos, a intensidade da memória diminui e fica mais difícil se lembrar disso depois. Você logo vai se esquecer dessa segunda imagem.

Por essa mesma razão, existem alunos que sempre se lembram de tudo e têm boa memória e outros que têm muita dificuldade para aprender. A questão não é a capacidade cerebral de cada um, mas sim a estratégia interna que cada um adota para se lembrar dos estudos.

Enquanto os alunos com boa memória criam imagens grandes e intensas em sua mente enquanto estão estudando, os que têm dificuldade criam imagens pequenas e sem associações, o que logo esquecem...

Perceba, não existe memória ruim. Existem estratégias ruins de memorização. Basta entender que o ser humano aprende por associação. Crie associações se quiser melhorar sua memória sobre algo.

A forma como a sua memória funciona explica também o efeito da pré-ativação ou priming, sobre o qual já falamos anteriormente neste livro.

Pré-Ativação Semântica

O efeito da pré-ativação ou priming vem sendo estudado há mais de 50 anos, e está relacionado ao modo como um estímulo inicial pode afetar as respostas de um indivíduo a estímulos subsequentes, sem que exista consciência do mesmo sobre tal influência.

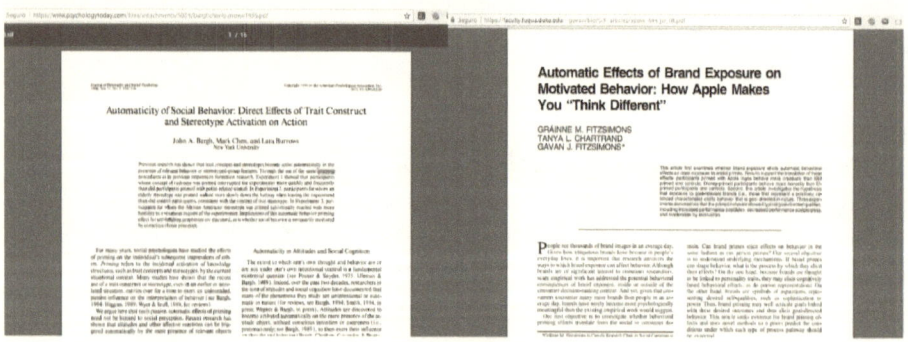

Fonte: https://faculty.fuqua.duke.edu/~gavan/bio/GJF_articles/apple_ibm_jcr_08.pdf
https://scholar.google.com.br/scholar?q=semantic+priming+effect

A *primação* afeta tudo em nossa vida, até nossos sonhos, dado a natureza associativa da memória. Como aprendemos por associação entre estímulo - resposta, tudo o que as pessoas dizem, tudo o que você vê e tudo o que você ouve cria uma resposta emocional automática.

Em uma pesquisa na Universidade de Duke, dois grupos de pessoas foram questionados sobre usos criativos para um bloco de tijolo. Eles davam um tijolo e você tinha que inventar coisas criativas para se fazer com ele: do tipo, encosto para a porta, bloco de exercício ...

Enfim, atrás do grupo ficava uma televisão e, para um dos grupos, passava a logomarca da Apple nessa TV, e para o outro grupo, a logo do IBM. Ao final do experimento, constatou-se que as pessoas expostas à logomarca da Apple tiveram muito mais ideias criativas do que o outro grupo.

Você sabe por que isso acontece?

Ao ver o símbolo da Apple, como a maçã mordida, automaticamente conceitos relacionados a essa memória são ativados. Isso significa que você se lembra também de Steve Jobs, de inovação e criatividade, pois isso está associado com a marca.

Já a logomarca da IBM não está relacionada com a ideia de criatividade e, por isso, não causa a mesma resposta criativa no comportamento.

Basicamente, a pré-ativação afirma que **um estímulo inicial pode afetar as respostas de um indivíduo a estímulos subsequentes, sem que exista consciência do mesmo sobre tal influência.**

E você pode usar esse conceito de várias formas no seu dia a dia.

Hack:

- **Qual seu objetivo?** _____
  Quer vender mais? Quer transmitir conforto?

- Quais imagens, palavras, cores e símbolos estão relacionados com seu objetivo?

- Decore o seu ambiente com símbolos relacionados a uma sensação específica que você queira estimular emocionalmente.

Inteligência	Criatividade	Poder

- Você também pode usar as cores, cada cor tem um significado emocional:

- **O efeito do priming pode também ser verbal**. As palavras que você usa em sua comunicação vão criar respostas emocionais específicas na mente da outra pessoa. Portanto, pense bem em quais palavras e histórias podem te ajudar a ativar o estado emocional que você quer causar na outra pessoa.

Exercício:

Pense em quais imagens e palavras se relacionam com e crie uma lista de associações abaixo de cada opção (isso serve para te ajudar a entender como as associações na sua memória funcionam):

a. Subconsciente
   Mente
   ...

b. Transformação
   Borboleta

c. Diversão

_____

_____

_____

_____

21. Linguagem Emocional
Submodalidades Sensoriais

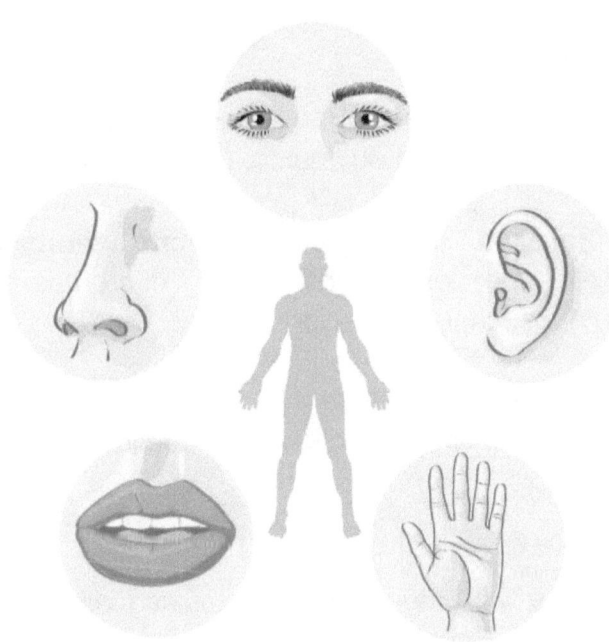

Nós descobrimos o mundo através dos nossos sentidos. Cada experiência e cada memória foi codificada na linguagem dos sentidos. Os sentidos são os meios através dos quais os seres vivos percebem e reconhecem as características do ambiente em que se encontram - em outras palavras, **são as traduções do mundo físico para a mente.**

O que são Submodalidades Sensoriais?

As qualidades sensoriais **especiais** percebidas por cada um dos sentidos.

Por exemplo:
As *submodalidades visuais* são colorido ou preto e branco, com movimento ou parado, com brilho ou fosco, profundidade, tamanho... etc.

As **submodalidades da audição** englobam: altura do som, timbre grave ou agudo, duração, ritmo... etc

As **submodalidades do toque** englobam: pressão, intensidade, duração, áspero ou liso, sólido ou líquido, forma... etc

Da mesma forma, **o paladar e o olfato também possuem submodalidades** que os definem em diferentes qualidades... Azedo, amargo, doce, cheiroso, fedido...

As suas memórias e experiências são **codificadas no seu cérebro** através dos seus sentidos e das submodalidades envolvidas no processo.

Por exemplo:
Uma festa alegre e vibrante, com uma música alta bem legal e as pessoas se divertindo. É muito mais interessante do que uma festa sem ninguém, com a luz apagada ao som de alguém chorando.

O cérebro percebe o mundo e codifica suas memórias através das referências que os sentidos estão dizendo.

Ou seja, se você mudar as referências sensoriais, você muda a forma como o cérebro processa aquela mesma experiência e também as respostas emocionais associadas.

Essa técnica é tão poderosa que é utilizada na hipnose clínica como ferramenta de transformação, podendo ser utilizada para tratar traumas, fobias, crises de ansiedade, depressão e um conjunto de outros problemas psicológicos.

Exemplo:
A pessoa tem fobia de aranhas. Veja como funciona um exemplo de tratamento breve com a hipnoterapia usando as submodalidades sensoriais para mudar a percepção:

1. Na cabeça dela, ela vê uma aranha enorme e peluda, com dentes enormes e olhos assustadores.

2. O hipnólogo pede para você imaginar essa aranha se transformando, como se existisse um editor de imagem na sua frente e você pudesse mudar a sua cor e o seu tamanho...

3. Você muda a percepção, imagina algo totalmente diferente e engraçado, como por exemplo uma aranha bem pequenina e desajeitada, tentando andar de patins.

As submodalidades são as principais responsáveis pela sua experiência emocional. **Hack:** Se você tem medo, mude a submodalidade ridicularizando seu medo para mudar sua resposta emocional.

Quer outro exemplo? Pense em alguém que você não gosta ou sente raiva. Agora imagine essa pessoa falando com a voz do Pato Donald. Perceba como sua emoção se altera com essa modificação da sua percepção.

Hack 1:
Tem alguma coisa que você sente medo? Fobia? Ou que você gostaria de eliminar da sua vida?

Usando sua imaginação: Como você pode ridicularizar essa cena em sua cabeça para sentir graça dessa situação ruim?

Hack 2:

Aumentando seu poder de comunicação:
Use descrições sensoriais fortes para intensificar a experiência na mente de outra pessoa.

1. Descreva um lugar que você já foi com muita riqueza sensorial. Faça a outra pessoa sentir como se estivesse lá com você.

_____
_____
_____
_____
_____

Hack 3:
Adjetivos intensificam características de uma pessoa ou objeto.

Exemplo.
Esse   livro   é   bom.
Esse   livro   é   incrível.
Esse livro é fantástico.

Adjetivos intensificam estímulos e associações. Use-os com mais frequência para aumentar seu poder de comunicação instantaneamente.

22. Metáforas Hipnóticas

Como você já sabe, para o subconsciente não existe diferença entre imaginação e realidade. Dessa forma, você pode usar metáforas direcionadas para mudar o estado emocional das pessoas.

Você pode usar metáforas para qualquer coisa, inclusive para facilitar a aceitação de sua próxima proposta ou mensagem.

Essa técnica de metaforização é tão poderosa que é usado na hipnoterapia como ferramenta para cura rápida de traumas e fobias. Abaixo, você tem alguns exemplos de fenômenos hipnóticos que podem ser causados e o roteiro hipnótico que pode ser utilizado.

1. Fixação do olhar

2. Aderência

3. Catalepsia

4. Anestesia

5. Amnésia (nome e número)

6. Âncora (toda vez que x, você y)

7. Alucinação (delírio, positiva e negativa)

Exemplo. Gerar Amnésia

Eu quero que você pense no seu nome e apenas aponte com o dedo onde essa informação está guardada em sua cabeça. Agora, imagine que eu posso pegar essa informação e jogá-la bem longe, para fora da Terra, para fora do Sistema Solar, o mais longe que conseguir. Tão longe que é impossível encontrar. Quando eu perguntar seu nome, você não vai lembrar, porque ele se foi. Qual seu nome?

Exemplo 2: Gerar Amnésia

Imagine um quadro branco na sua frente. Agora escreva o seu nome no quadro com suas mãos. Letra por letra, escreva seu nome completo. E agora pegue um pano bem molhado e imagine que você está passando sobre esse quadro. Veja as letras se dissolverem por completo até desaparecer completamente. Quando eu perguntar seu nome, você não vai lembrar, porque ele se foi. Qual seu nome?

Exemplo. Remover dores de cabeça ou outras dores

Se você pudesse dar uma forma para essa dor de cabeça, qual seria? Um círculo? Ótimo! Então, imagine esse círculo, e esse círculo tem uma cor, que cor é? Vermelho? Tudo bem. Esse é um círculo vermelho grande ou pequeno? Grande? Ok, então agora imagine que esse círculo está aqui na sua frente e junto com ele está essa sensação. Imagine então que, como um holograma, esse círculo vermelho vai girando, girando e se transformando em uma bola laranja, essa bola laranja vai diminuindo e mudando de cor para uma bola de gude azul. E você consegue transformar ainda mais essa energia em um grão de areia transparente. E agora você coloca esse grão de areia transparente no lugar (distraia a pessoa agora). Quantos dedos tem aqui? 5? Ok (pergunte sobre a dor). E a dor que você tinha, sumiu?

Exemplo. Liberar Ansiedade

Imagine que existe um marcador vertical de 0 até 10, sendo que 10 é o estado de maior ansiedade que você já sentiu e zero um estado completamente sem ansiedade. Qual seu nível de ansiedade agora? Então, observe o que acontece se diminuirmos para …
7...6...5...4...3...2...1...0

Exemplos de metáforas em forma de histórias e parábolas:

A raposa

Existiu um Lenhador que acordava as 6 da manhã e trabalhava o dia inteiro cortando lenha, e só parava tarde da noite.
Esse lenhador tinha um filho, lindo, de poucos meses, e uma raposa, sua amiga, tratada como bicho de estimação e de sua total confiança.
Todos os dias, o lenhador ia trabalhar e deixava a raposa cuidando de seu filho.

Todas as noites, ao retornar do trabalho, a raposa ficava feliz com sua chegada.

Os vizinhos do Lenhador alertavam que a Raposa era um bicho, um animal selvagem; e, portanto, não era confiável.

Quando ela sentisse fome, comeria a criança.

O Lenhador, sempre retrucando com os vizinhos, falava que isso era uma grande bobagem.

A raposa era sua amiga e jamais faria isso.

Os vizinhos insistiam:

- "Lenhador, abra os olhos ! A Raposa vai comer seu filho."

- "Quando sentir fome, comerá seu filho ! "

Um dia, o Lenhador, muito exausto do trabalho e muito cansado desses comentários, ao chegar em casa viu a Raposa sorrindo como sempre, e sua

boca totalmente ensanguentada ...

O Lenhador suou frio e, sem pensar duas vezes, acertou o machado na cabeça da raposa ...

Ao entrar no quarto desesperado, encontrou seu filho no berço dormindo tranquilamente e, ao lado do berço, uma cobra morta ...

O Lenhador enterrou o Machado e a Raposa juntos.

Se você confia em alguém, não importa o que os outros pensem a respeito, siga sempre o seu caminho e não se deixe influenciar... mas, principalmente, nunca tome decisões precipitadas...

Exemplo. Papel ao vento

Um senhor, há muito tempo, tanto falou que seu vizinho era ladrão que o rapaz acabou preso! Dias depois, descobriram que era inocente.

O rapaz foi solto, e processou o homem.

No tribunal, o velho diz ao juiz:

- Comentários não causam tanto mal.

E o juiz responde:

- Escreva os comentários num papel, depois pique e jogue os pedaços no caminho de casa. Amanhã, volte para ouvir a sentença. O senhor obedeceu e voltou no dia seguinte.

- Antes da sentença, terá que catar os pedaços de papel que espalhou ontem - disse o juiz. Responde o velho:

- Não posso fazer isso. O vento deve tê-los espalhado, já não sei onde estão. Responde o juiz:
- Da mesma maneira, um simples comentário pode destruir a honra de um homem, a ponto de não podermos consertar o mal. Se não se pode falar bem de uma pessoa, é melhor que não se diga nada.

Sejamos donos de nossa boca para não sermos escravos de nossas palavras.
Autor desconhecido.

Exemplo. O escritor e as estrelas do mar

Era uma vez um escritor que morava em uma praia tranquila, próxima a uma colônia de pescadores.
Todas as manhãs, ele caminhava à beira do mar para se inspirar e, a tarde, ficava em casa escrevendo.

Certo dia, caminhando pela praia, viu um vulto ao longe que parecia dançar. Ao chegar perto, reparou que se tratava de um jovem que recolhia estrelas-do-mar da areia, para, uma a uma, jogá-las de volta ao oceano, para além de onde as ondas quebravam.

"Por que você está fazendo isto?", perguntou o escritor. "Você não vê?", explicou o jovem que, alegremente, continuava a apanhar e jogar as estrelas ao mar. "A maré está vazando e o sol está brilhando forte... elas irão secar e morrer se ficarem aqui na areia."

 O escritor espantou-se com a resposta e disse com paciência: "Meu jovem, existem milhares de estrelas-do-mar espalhadas pela praia. Você joga algumas poucas de volta ao oceano, mas a maioria vai perecer de qualquer jeito. De que adianta tanto esforço, não vai fazer diferença."

O jovem se abaixou e apanhou mais uma estrela na praia, sorriu para o escritor e disse: "Para esta aqui faz....", e jogou-a de volta ao mar.
Naquela noite, o escritor não conseguiu escrever, nem sequer dormir.

Pela manhã, voltou à praia, procurou o jovem, uniu-se a ele, e, juntos, começaram a jogar estrelas-do-mar de volta ao mar.

Hack:
Para criar uma metáfora emocional, basta pensar em uma ideia que significa algo semelhante.

Por exemplo:
- esquecer algo ruim, pode ser como uma foto que você coloca fogo.
- limpar a mente, pode ser como uma onda apagando o que você escreveu na areia da praia....

A linguagem metafórica é poderosa. Pense na emoção que você quer causar e, então, pense em formas de dizer isso de forma metafórica.

23. Conformidade Social

Somos seres sociais. Baseamos nossas opiniões e decisões no que outras pessoas estão fazendo.

Um experimento muito interessante realizado por Solomon Asch serve para ilustrar como o comportamento humano funciona diante da pressão social.

Ele provou que, se existem muitas pessoas em um grupo com a mesma opinião, você tende a concordar com elas enquanto está com o grupo, mesmo se a resposta delas estiver errada, apenas para não se sentir excluído ou rejeitado.

Fonte: https://scholar.google.com.br/scholar?hl=pt-BR&q=Solomon+Asch

Basicamente, se tiver 4 pessoas olhando para cima na rua, você certamente vai olhar também, não é mesmo? Entre um restaurante lotado e um ao lado vazio, você vai sentir que o lotado é o que tem melhor serviço e qualidade.

Hack: Como aplicar?

Geralmente, nos baseamos em depoimentos de outras pessoas e classificações para verificar a qualidade. Use depoimentos de clientes dizendo bem sobre o seu produto ou ainda mostrando resultados que obtiveram com seu curso ou treinamento.

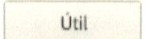 **Fantástico!**

31 de março de 2018

Formato: eBook Kindle   Compra verificada

Palavras curam, seduzem, transformam. Depois deste livro, nunca mais falo com ninguém sem pensar nos efeitos destas palavras. Você pode transformar um simples papo num momento mágico.

13 pessoas acharam isso útil

Útil	Comentar	Informar abuso

 gabriel vicente

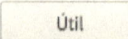 **Incrivelmente fantástico**

24 de janeiro de 2018

Formato: Capa comum   Compra verificada

Simplesmente fantástico, é a definição que tive após ler esse livro.

Ele é muito bem pautado, e instrutivo naquilo que se compromete a trazer.
É recomendado tanto para quem já possui uma experiencia com a hipnose, trazendo novos termos e explicando outros, como também acolhe quem é leigo no assunto e tem a disposição de estudar e aplicar seus ensinamentos. Sou realmente muito grato ao autor e sim, vou comprar outros livros dele.

12 pessoas acharam isso útil

Útil	Comentar	Informar abuso

 Altieres Losan

Ótimo livro

14 de janeiro de 2018

Formato: eBook Kindle   Compra verificada

Este livro te ensina, por meio de várias técnicas e exemplos, como a hipnose pode ser um grande aliado em todas as áreas da nossa vida. Ele mostra várias estratégias para hipnotizar alguém apenas criando histórias persuasivas, sem precisar fazer um verdadeiro show de hipnose (mas se você quiser aprender sobre essa parte ele também ensina!). Recomendo!

Dica Persuasiva: Na hora de convencer alguém importante a entrar em um projeto seu, diga nomes de outras pessoas que a pessoa gosta e confia. Dessa forma, ela vai se sentir mais inclinada a aceitar.

24. Como Hipnotizar Qualquer Pessoa

Como você já sabe, o cérebro emocional (sistema límbico) não sabe a diferença entre imaginação ou realidade. Portanto, tudo que você imagina por alguns segundos é processado emocionalmente como se fosse um acontecimento de verdade.

Por isso, choramos ao vermos um filme ou novela emocionante, mesmo sabendo que aquela história não é real...

Exemplo:
1. Faça o teste do limão. Feche os olhos. Relaxe e imagine que está pegando um limão em um limoeiro. Dê uma mordida na casca. Sinta o gosto amargo e o ácido escorrendo pela sua boca. Mmmm. Começou a salivar?
2. Imagine um bebê bem fofinho sorrindo para você. Agora ele está dando gargalhadas. Como você se sente?

Você já viu que a imaginação afeta a fisiologia. Agora, deixe-me clarear mais detalhadamente como a imaginação é amplificada pelo poder de acreditar.

Efeito Placebo (O Poder de Acreditar)

Um **placebo** (do latim *placebo*, que significa "agradarei") é um fármaco, terapia ou procedimento inerte, que apresenta, no entanto, efeitos terapêuticos devido aos efeitos psicológicos da crença do paciente de que ele está a ser tratado.

Os placebos são aplicados para se testar os reais efeitos de medicamentos e terapias. São usados em estudos duplamente cegos e consistem no uso de cápsulas desprovidas de substâncias terapêuticas ou contendo produtos reconhecidos como inertes e inócuos, que são administrados a grupos de estudo humanos ou animais (chamados de "população" em investigação científica) para comparar e validar os efeitos desses medicamentos. A análise estatística verificará, posteriormente, se o efeito do medicamento *versus* o placebo é realmente significativo ou não.

De fato, muitas pessoas se curam apenas por acreditar na eficiência do remédio. Isso basicamente comprova que a mente humana tem o poder de interferir em nível físico no nosso corpo. Existe um filme muito interessante sobre esse tema: HEAL - O Poder da Mente (assista, vale a pena).

Basicamente, quando você acredita em algo, aquilo se torna real para você. As crenças que você têm são como uma lente que mudam a percepção do mundo a sua volta.

As suas crenças definem a sua realidade, definem até mesmo o que é possível ou impossível.

Sabendo disso, podemos criar placebos para convencer uma pessoa de que algo é real e imergi-la na experiência. Isso é o que hipnotistas de palco fazem, criam novas realidades.

Utilizando truques baseados na forma como o corpo humano funciona (movimentos ideomotores e memória muscular), você pode criar placebos para hipnose, **fazendo o cérebro do indivíduo acreditar que suas sugestões vão sempre acontecer como você diz.**

Exemplo:
Teste Dos Dedos Magnéticos

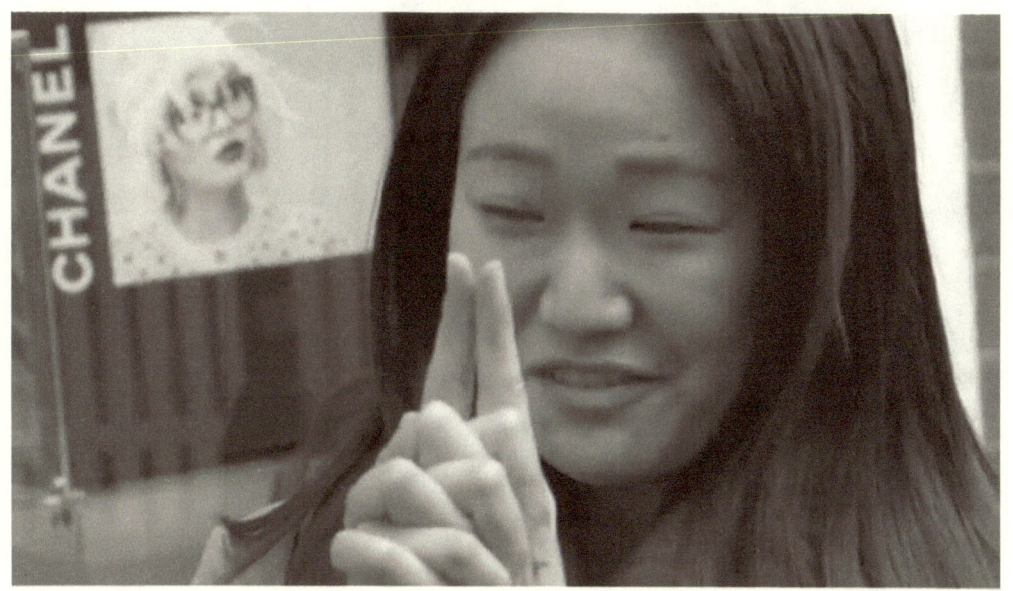

Você diz para a pessoa levantar os indicadores e juntar as mãos, como em uma oração. Com isso, você separa os dedos e diz para a pessoa olhar para o espaço entre eles e perceber como os dedos vão se atraindo como dois ímãs.

Pronto, a pessoa vai ver os dedos se aproximando e, em seu cérebro, será criada uma associação - o que ele fala, acontece.

No entanto, o hipnotista apenas usou um fato fisiológico para criar um tipo de placebo; o simples fato de separar os dedos quando a mão está desse jeito faz com que os dedos se aproximem.

Quando a pessoa acredita que sua sugestão que está causando o aproximar dos dedos, a próxima sugestão que você der será ainda mais fácil de aceitar.

O próximo passo então é fazer o **teste das mãos coladas**, muito comum em qualquer show de hipnose de palco.

Você diz para a pessoa juntar as mãos e conta até 10 gradualmente, reforçando a sugestão de cola, sendo que, ao final da contagem, você diz que a pessoa estará com as mãos completamente grudadas e quanto mais tentar, mais grudadas vão ficar.

Se a pessoa ficar com a mão grudada ao final da contagem, isso significa que ela já está hipnotizada. Afinal, ela aceitou acreditar no seu placebo.

Por isso, os hipnotistas só chamam essas pessoas para o palco e descartam todos os outros, pois quem desgrudou a mão não está em transe (concentrado na experiência) e, por isso, não merece a atenção do hipnotista.

Depois que a pessoa ficou com a mão grudada, basta você amplificar ainda mais sua crença na experiência.

Você pode fazer isso usando um comando bem conhecido:
- Durma profundamente!

Isso faz com que a pessoa pense que está ainda mais hipnotizada, amplificando a aceitação das próximas sugestões hipnóticas.

A próxima sugestão que pode ser testada é a criação de uma âncora. Você pode dizer algo do tipo: Toda vez que eu estalar os dedos, você vai rir e gargalhar sem parar.

Por mais que tente, é impossível parar de rir, como se eu tivesse contado a piada mais engraçada do mundo.

Abra os olhos.

- Fale alguma coisa e, snap! Estale os dedos e veja a pessoa começar a rir. Estale de novo e de novo para amplificar.

Depois de conseguir criar uma âncora, você pode tentar outro tipo de sugestão mais avançada, a alucinação positiva.

Você pode dizer algo do tipo - "Quando abrir os olhos, você vai ver o ATOR FAMOSO X ao seu lado". E então você coloca alguém totalmente diferente ao lado da pessoa e pede pra ela abrir os olhos.

A pessoa vai ter uma alucinação e ver o ator famoso.

Isso é o que acontece em um show de hipnose de palco, uma sucessão de sugestões e associações de causa e efeito. Cada sugestão aceita amplifica a possibilidade de aceitação da próxima sugestão.

Dessa forma, você pode fazer fenômenos cada vez mais complexos, em ordem:
1. teste fisiológico do dedo magnético (placebo inicial)
2. teste imaginação - mãos grudadas
3. indução - durma profundamente!
4. âncora - toda vez que x, então y
5. alucinação positiva e negativa (ver o que não existe ou não ver algo à sua frente)

Pronto! Você acabou de descobrir como fazer uma demonstração de hipnose. Claro que, se quiser aperfeiçoar, basta procurar mais conteúdo sobre hipnose clássica na Internet, mas esse tutorial básico é tudo o que você precisa para começar.

25. Teoria dos Tópicos Múltiplos (Loop)

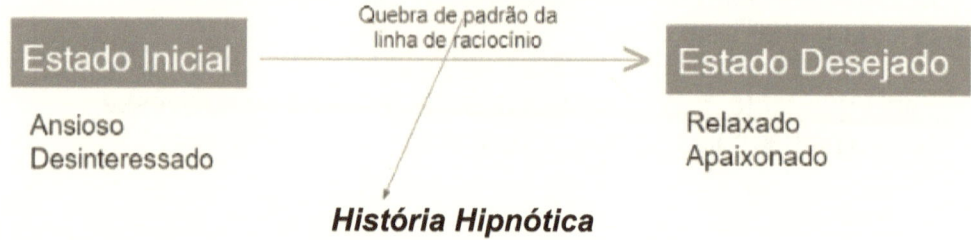

A mente consciente possui certas limitações, como o fato de nossa memória temporária ser limitada. Estima-se que nossa memória temporária consiga armazenar, no máximo, 9 unidades de informação em um determinado momento.

Por isso, números de telefone geralmente são combinações de 8-9 números, sendo o máximo que conseguimos gravar de relance.

Se eu te disser, por exemplo, tapete, dragão, arroz, lápis, você vai conseguir gravar facilmente.

Agora, se eu aumentar a quantidade para tapete, dragão, arroz, lápis, nuvem, tripé, oeste, Bariloche, próton, flauta... já fica bem mais difícil lembrar de tudo em sua memória, não é mesmo?

Isso acontece porque ultrapassamos a capacidade da sua memória temporária. Da mesma forma, se eu te perguntar sobre o que era os 3 tópicos anteriores deste livro, provavelmente você já não se lembra com perfeição agora.

Como usar isso a seu favor?

Basicamente, o cérebro consciente consegue rastrear e julgar informações como verdadeiras ou falsas, mas se você conta uma sequência de 7 histórias ou mais. A pessoa perde a capacidade de avaliar tudo o que foi falado, e os gatilhos que foram encapsulados em seu cavalo de troia são disparados sem que ela perceba.

Para isso, usamos loops. Os loops são histórias dentro de histórias e servem exatamente para distrair o fator crítico da mente consciente para que suas sugestões embutidas e gatilhos mentais possam ser disparados sem que sejam rastreados.

Exemplo:
Gerar Relaxamento

Lembrei a primeira vez que fui à praia. O som das ondas quebrando. A brisa refrescante passando no meu rosto e aquela sensação gostosa de poder admirar o mar e aquela paisagem tão incrível. Sabe, parece que foi hoje, quando eu penso no quão vívido essa imagem vem em minha mente e o quão relaxante era aquela praia. E é engraçado porque essa foi uma experiência muito marcante para mim. Me lembro até do quiosque da dona Maria que vendia uns pasteizinhos de camarão deliciosos. Cada mordida tinha um gostinho de quero mais. A dona Maria era uma figura daquelas que não existe igual, pensa numa pessoa alegre e super de bem com a vida, quase que como um personagem de desenho animado. Ela fazia questão de ver se todo mundo estava gostando e ainda tinha umas redes de descanso no quiosque que dava pra relaxar e curtir a paisagem. Super show! Tomando uma limonada bem refrescante e relaxando na rede, indo para lá e pra cá naquele ambiente super tranquilo e confortável. Ahh, que vontade de ir lá relaxar mais um pouquinho...

Exercício. Quais padrões hipnóticos foram usados nesse texto?

_____

_____

_____

_____

_____

_____

_____

Qual seu objetivo emocional? Qual sensação você quer gerar? Conte uma história interessante para causar essa emoção ou estado.

_____

_____

_____

_____

_____

_____

26. Como Contar Histórias Hipnóticas

Você provavelmente já ouviu a história do cavalo de troia. O cavalo foi dado de presente dos gregos para os troianos. Eles levaram o presente para dentro de seus portões impenetráveis pensando ser um presente dos Deuses. Porém, dentro do cavalo haviam soldados inimigos que ficaram escondidos.

Foi então que, ao cair da noite, o grupo de soldados que havia ficado escondido saiu de dentro do cavalo e abriu os portões da impenetrável cidade de Troia para o exército inimigo poder atacar.

Como Criar Uma História Hipnótica
Qual seu objetivo?

Saber seu objetivo é o primeiro passo.

Contar uma história hipnótica funciona praticamente da mesma forma que um cavalo de Troia. Como o cérebro não consegue separar imaginação de realidade, quando você começa a contar uma história e, nessa história, coloca gatilhos mentais, esses gatilhos vão estimular a mente da outra pessoa sem que ela nem mesmo perceba.

Você pode colocar gatilhos mentais e comandos embutidos dentro de qualquer história (seja em um filme, em uma novela, em um vídeo de vendas, em um email, em uma mensagem no Whatsapp ou em uma conversa normal). Você vê isso muito claramente principalmente em vídeos de vendas de produtos.

Exemplo:
- Você tem dificuldade para descascar batata? (Dor)
- Então, seus problemas acabaram, porque chegou o descascador automático batator 2000. (oferece o produto como uma solução - Prazer)
- O batator 2000 processa até 5 batatas ao mesmo tempo. Veja como elas saem lindas e fabulosas. Prontas para serem assadas ou cozidas para o seu purê. (benefícios do produto)
- E tem mais, comprando agora você leva também um cortador para que suas batatas fritas fiquem redondinhas e crocantes (bônus)
- Essas são as últimas unidades (escassez)
- Ligue agora antes que essa oferta seja finalizada (urgência e medo de perder)

Tudo o que você aprendeu até agora neste livro, cada hack pode ser usado como um gatilho mental para despertar uma resposta emocional específica.

Hack:

Os gatilhos mentais são os blocos fundamentais para a criação de histórias hipnóticas. Utilize os gatilhos em sua comunicação para amplificar seu poder de convencimento.

Gatilho Mental da Reciprocidade
Gatilho Mental da Escassez
Gatilho Mental da Autoridade
Gatilho Mental da Compromisso e coerência
Gatilho Mental da Afinidade
Gatilho Mental da Conformidade Social
Gatilho Mental Dor / Prazer
Gatilho Mental Embalagem
Gatilho Mental da Ancoragem
....

1. Pense em qual seu objetivo: Você quer _____ (vender, seduzir, inspirar, motivar?)

2. Crie uma história onde a RESPOSTA EMOCIONAL coloque a pessoa em um estado mais apropriado para aceitar seu objetivo.

27. Auto-Hipnose

Como você já sabe, o cérebro não sabe a diferença entre imaginação e realidade. Assim, você pode usar uma história metafórica que te ajude a mudar seu estado emocional. Uma auto-hipnose.

Por exemplo, um pai pode dizer para a filha pequena que ela tem um escudo mágico a protegendo caso ela se sinta insegura ou com medo. Isso é natural.

Você pode imaginar que existe um algo mágico que te ajuda a mudar como uma ferramenta, um escudo ou um poder. Por mais incrível que pareça, essa técnica funciona e é muito simples de ser colocada em prática. Você só precisa usar sua imaginação para mudar seu estado emocional.

Faça o teste agora. Imagine, por exemplo, que você tem um amuleto de fogo que desperta sua força interior e te permite se sentir mais confiante. Imagine que isso é real e sinta a confiança crescendo em seu corpo, sinta como você se sente, sinta o seu corpo e sua respiração confiante.

Tudo o que você imagina por alguns segundos começa a ser processado pelo sistema límbico como se fosse uma experiência real, e por isso você sente realmente a mudança emocional acontecendo.

Como dizem em hipnoterapia: **problemas imaginários precisam de SOLUÇÕES imaginárias**. Você não nasceu ansioso, não nasceu tímido, não nasceu estressado… então, se você tem alguma dificuldade emocional que foi criada pelo seu cérebro, usar técnicas imaginárias para resolver isso é uma solução real sim e muito funcional. Por isso, a hipnose tem sido uma das ferramentas de tratamento terapêutico que mais cresce ultimamente, devido a sua eficácia e rapidez.

Caso se interesse, tenho um livro mais aprofundado nas técnicas de reprogramação mental. https://amzn.to/2SaHtRv

Dê uma olhada↴

LEIA EM QUALQUER DISPOSITIVO

›Baixe o aplicativo Kindle de graça

De qualquer forma é muito simples fazer auto-hipnose quando você entende o mecanismo básico. E isso é o que você aprendeu aqui hoje, e é exatamente tudo o que precisa saber para começar.

Pense nas emoções que você quer experimentar e crie em sua imaginação algo que te leve a experimentar essa emoção com intensidade. Simples e fácil.

Sempre que existir uma disputa entre sua força de vontade (consciente) versus sua imaginação (sistema límbico), sua imaginação irá vencer. Por isso, **o verdadeiro poder da sua mente se esconde em sua capacidade de usar sua imaginação de forma inteligente e orientada aos seus objetivos.**

Como disse Einstein: *"Eu acredito na intuição e na inspiração. A imaginação é mais importante que o conhecimento. O conhecimento é limitado, enquanto a imaginação abraça o mundo inteiro, estimulando o progresso, dando à luz a evolução. Ela é, rigorosamente falando, um fator real na pesquisa científica".*

Nota do Autor

Olá, eu sou o Marcelo Maia (Hipnoterapeuta e Professor de Neurolinguística). Sou um autor independente e fiz este livro como uma forma de acelerar o crescimento pessoal de todos aqueles que sonham com uma vida melhor.

Eu acredito que a comunicação eficaz abre todas as portas, e a persuasão é a chave que pode destravar seu potencial de comunicação para que você possa se tornar mais assertivo e confiante.

Você precisa saber como cativar, motivar e influenciar outras pessoas se quiser crescer. E este livro propicia um caminho mais rápido para que você possa alcançar esse objetivo.

Caso tenha gostado deste conteúdo e queira me ajudar, você pode fazer 2 coisas:

1. Deixe um comentário com sua opinião sobre o livro;
2. Envie uma cópia de presente para alguém que você considera.

Fazendo isso, você contribui imensamente com minha jornada e também com a jornada de muitos outros que querem aumentar seu poder de comunicação e influência, mas têm dificuldades.

Para conhecer outros trabalhos do mesmo autor, me siga na redes sociais:

Instagram: @marcelomaia.hacks
www.youtube.com/marcelomaiacursos

  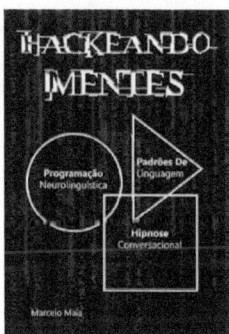 

Livros: http://bit.ly/maialivros

Site: www.marcelomaiacursos.com